Über das Buch

Wo gehöre ich hin? Wie ist Leben gemeint?

Diese zwei Fragen treiben Florian fort aus seinem bisherigen Leben. Job gekündigt, alte unnütze Sehnsüchte begraben, offen für neue Träume beginnt er seine Wanderung durch Deutschland. Entlang des Europäischen Fernwanderwegs E1 begibt er sich auf die Suche nach einer Heimat, um darin sich selbst zu finden.

Selten ist der, welcher die Reise beginnt immer noch derselbe, wenn er sie beendet – und das ist gut so. Ein Buch ist, wie auch der Weg selbst, solch eine Reise. Also schreiten wir los, begleiten wir Florian auf einer heiteren, zynischen und oft nachdenklichen Wanderung in der verloren geglaubten Heimat.

Über den Autor

Florian Wolf, geboren 1981, ist ein Landei, kommt aber mittlerweile gut in der Stadt zurecht. Da das Schreiben ihn noch nicht reich und berühmt gemacht hat, arbeitet der diplomierte Fitnessökonom und Master of Arts in Sportsmanagement als Verkäufer bei Globetrotter.

In seiner Freizeit treibt er Sport, geht Wandern, liest viel und ja, hin und wieder schreibt er auch etwas.

Florian Wolf

Heimwärts

Eine Deutschlandreise zu Fuß

Impressum

Florian Wolf
Heimwärts – Eine Deutschlandreise zu Fuß

Bibliografische Information der Deutschen Nationalbibliothek
Die Deutsche Nationalbibliothek verzeichnet diese Publikation in
der Deutschen Nationalbibliografie; detaillierte bibliografische
Daten sind im Internet über http://dnb.nb.de abrufbar.

© Florian Wolf, Vaterstetten 2015
Umschlaggestaltung: © Florian Wolf
unter Verwendung eines Fotos von Florian Wolf
    Alle Fotos: © Florian Wolf

Herstellung und Verlag:
    BoD – Books on Demand, Noderderstedt

ISBN: 978-3-7392-0187-0

Leben ist eine Reise, die heimwärts führt.

(Herman Melville)

Ein Wort vorweg

Warum wohin?

Bestandsaufnahme – eine abstrakte Betrachtung meiner Situation

Es gibt diese zwei Fragen, die mich beschäftigen und keine Antwort will mir einfallen. Diese zwei Fragen sind sowohl Grund für die Orientierungslosigkeit, die mir durch den Tag folgt, als auch eine Art Triebfeder meiner Handlungen.

Wo gehöre ich hin?

Wie ist Leben gemeint?

Je mehr ich über beide nach grüble, desto mehr Fragen ergeben sich daraus – aber eine Antwort? – Die habe ich noch nicht gefunden. Irgendwie ahne ich, dass beide Fragen miteinander verknüpft sind. Wenn ich nur herausfinden könnte, wie sie zusammenhängen, wäre ich vielleicht schon einen Schritt weiter. Muss man nicht wissen, woher man kommt, um erkennen zu können, wohin man gehen will?

Entwurzelt bin ich, habe ich mich. Es ist einfach passiert. Dort, wo ich war, fühlte ich mich nicht mehr zuhause, dort, wo ich hinging, waren nur Stationen einer Reise, die sich irgendwo im Nichts verirrt hat. Freundschaften blieben zurück, Träume gingen verloren, Pläne von einer Zukunft wurden durch den Augenblick ad absurdum geführt. Begegnungen, Erlebnisse, Erfahrungen werfen ein enthüllendes Licht auf unser menschliches Streben und offenbaren die Schatten, die in seinen Widersprüchen lauern. Welchen Wert hat Status, welchen dieses Streben nach Reichtum, Macht und Ruhm? Ist das Glück? Wie kommt es dann, dass diesem Streben stets die Tragödie auf dem Fuße folgt?

Wenn das Leben einem Weg gleicht, so führte mich dieser an eine Kreuzung ohne Wegweiser, und obwohl in der Ferne die Versprechungen um die Wette leuchteten, drängte sich mir keiner dieser Wege auf. Es war vielmehr eine Art Ekel, der mich vom Weitergehen abhielt. Aber eine Alternative schien es nicht zu geben, oder doch? Einfach ausbrechen? Vielleicht hat man unterwegs die richtige Abzweigung verpasst, war so beschäftigt mit dem Vorwärtskommen, mitgerissen von der Menge, so in seinem Tunnelblick gefangen, dass man den unscheinbaren Pfad, diese mögliche Alternative zum vorgegebenen (vorgeschriebenen?) Weg einfach übersehen hat.

Und dann diese Menschen, überall diese Menschen. Laufen einander hinterher, ohne dass jemand weiß, wohin sie eigentlich laufen. Nur immer der großen Leuchtreklame von einem besseren Leben hinterher. Konsum und Besitz versprechen Glück. „Kauf mich und sei anders, sei besser als dein Nächster," klingt ihr Lockruf und wir folgen – der Rattenfänger spielt seine Melodie. Wie laut es ist in diesem Menschengewühl, jeder will gehört werden. Wie anstrengend es ist voranzukommen mit all den Ellenbogen in den Rippen. Noch unmöglicher scheint es, stehenzubleiben oder gar umzukehren.

Ich steckte da mittendrin, ließ mich mitreißen. Besser werden, um besser zu sein – Profilierungssucht. Doch dann siehst du in die Gesichter deiner Mitmenschen, siehst ihre gehetzten Mienen, du trampelst über die Körper der Ausgebrannten und Auf-der-Strecke-gebliebenen und fragst dich zum ersten Mal: Warum das alles? Schließlich streift dein Blick ein Spiegelbild – dein Spiegelbild - und du erstarrst ... alles um dich herum scheint zu erstarren. Für einen Augenblick bleibt deine Welt stehen, denn du siehst, was du geworden bist, was du noch werden wirst – Kollaps – Frontalcrash mit der Realität. Das sollst du sein? Dieser gierige, gehetzte Widerling, der in allem was er tut, seinen Mitmenschen gefallen will, ihnen folgt, sich ihnen anpasst, aber bei einer passenden Gelegenheit nicht davor zurückschrecken würde, ihnen den Ellenbogen oder besser gleich ein Messer in die Rippen zu hauen? Man ist zu einem Arschloch geworden wie alle anderen, zu etwas, was man stets vermeiden wollte.

Dieser Augenblick der Stille, in dem alles um einen herumstehen geblieben ist, verstreicht schnell, der Strom reißt einen bereits weiter, doch nichts ist mehr, wie es mal war. Man kann sich nicht mehr einreihen in dieses Heer der Materialisten und Konsumzombies. Stehenbleiben? Umdrehen? Es ist so schwer der Kraft der Gemeinschaft zu entkommen und so hat es mich an diese Kreuzung gespült. Hier ist es möglich, stehen zu bleiben, denn der Strom teilt sich, jeder folgt der Leuchtreklame, die ihm den besten Status verspricht. Am Rand dieser Kreuzung stehe ich also und beschließe irgendwie zurückzukehren, um den alternativen Pfad zu finden – es muss ihn geben ... es muss ...

Gerüstet mit einer ideologischen Machete und einer Menge Wut und Trauer im Bauch schlage ich mich querfeldein durchs Unterholz. Der Weg, den ich mein Leben lang verfolgt hatte, war letztendlich nichts anderes als ein Fließband, auf dem Menschen durch die Fabrik Gesellschaft zu linientreuen Konsumenten gemacht werden. Jetzt war ich ausgebrochen, habe mich abgewandt von meinem früheren Ich, von diesem ganzen irrsinnigen Streben. Alles, was ich gewesen bin, war eine Illusion, ein

Maskenball, auf dem man sich mit Erfolg und Glück schmückt und zur Musik der anderen tanzt. Das hier, dieser Quergang war aufregend, jeder Schritt eine neue Herausforderung, kein vollkaskoversichertes Leben mehr, in dem ein Staat, eine Wirtschaft oder eine Gesellschaft meine Schritte lenken – alles neu, alles aufregend. Leben. Endlich Leben.

Egal, welche Richtung man einschlägt, nie ist die Welt durchgehend rosarot. Ich hatte mein Mehr an Freiheit gewonnen, doch wusste ich sie nicht richtig einzuschätzen. Was war sie wert? Was konnte ich mit ihr anfangen? Hieraus resultierte auch meine Entwurzelung. Alles, was vorher war, hatte seine Bedeutung verloren, eine neue Bedeutung war noch nicht gefunden. Wo gehörte ich nun hin? Was war mein Platz in diesem Leben? Wo war meine Heimat? Die Freiheit den eigenen Weg zu gestalten hat zudem auch Schattenseiten – es ist eine einsame, mühsame Angelegenheit. Irgendwann kommt der Punkt, an dem man sich fragt: Warum das alles? Ist es diese Anstrengung wert, das Leben? Ist es nicht egal, wie man gelebt hat, wenn am Ende ohnehin der Sensenmann auf uns alle wartet? Hier begann meine Sinnkrise.

Manchmal, wenn man die Orientierung verloren hat, ist es hilfreich dorthin zurückzukehren, von wo man ursprünglich kam. Dort diese beiden Fragen

Wo gehöre ich hin oder, einfacher, was ist Heimat?

Wie ist Leben gemeint?

aufgreifen und sie bei jedem Schritt prüfen, sie zum Kompass machen, so konnte der Plan lauten. So dahin grübelnd schlüpfte ich durch eine dichte Hecke und da war es: Lindenfels. Ich war zurückgekehrt, doch war ich heimgekehrt? Wohl kaum. Zwar bin ich hier geboren worden und aufgewachsen, aber hier enden? Nein, vielmehr sollte hier erst meine Reise beginnen, auf der Suche nach Antworten, auf der Suche nach einer Alternative.

Etwas konkreter: Der Ei

Lindenfels also, diese Kleinstadt am Rande des Odenwaldes, die doch nicht mehr als ein Dorf ist. Ein Ort, der eine Historie hat und eine Seele. Während er heute immer noch von dieser Historie lebt, siecht seine Seele langsam dahin. Ob es gut war, dass die Einwanderung großer Supermarktketten an der Sturheit, aber auch an der Kurzsichtigkeit der Lindenfelser Kleinbürger scheiterten, lässt sich diskutieren. Vielleicht konnte dadurch die Seele des Orts, mit seiner Fachwerkhaus-und-Burgruinen-Idylle kurzfristig gerettet werden, wirtschaftlich aber stirbt er. Junge Menschen ziehen fort, gelockt von der Leuchtreklame der Großstadt, ältere sind frustriert, weil sie es nicht getan haben. Ein Geschäft nach dem anderen schließt, nun zuletzt auch das Krankenhaus. Es ist die sich überall wiederholende Tragödie des Ländlichen. Wie die Meister des Kapitalismus sagen: Either you grow or you go! Wachse oder verschwinde – und so verschwinden Orte wie Lindenfels in der Bedeutungslosigkeit.

Auch ich wollte irgendwann einfach nur weg. In Lindenfels leben heißt in der Depression zu leben und in der Vergangenheit. Da es in solchen Orten keine Zukunft gibt, verhängt man zwangsläufig im Gestern. Jedes Mal, wenn ich zurückkomme, werde ich melancholisch, denke an schöne Kindertage, an eine nicht immer so schöne Jugendzeit und an den Wunsch einfach nur wegzukommen. Hals über Kopf ging ich fort, folgte dem Strom – der würde schon wissen, wo es hingeht – wusste er nicht. Nun bin ich zurück im Haus meiner Eltern, sitze in meinem alten Zimmer und starre die Wand an. Wie soll ich es diesmal angehen? Wie will ich dieses Mal gehen? Langsam muss ich dabei sein.

Als ich das erste Mal von hier floh, geschah alles zu schnell. Über die Station Augsburg ging es nach München. Das Landei in der Stadt – es hätte gut gehen können ... Doch der Idealist und Anarchist, der ich nun mal bin, in einem Job der Autorität fordert und das Buckeln vor dem Vorgesetzten, das konnte nicht gut gehen. Dienstleistung in der Freizeitbranche, klang verlockend, doch Leistung steht vor Dienst und wenn gedient wird, dann nur dem schnöden Mammon. Menschen, denen ich per Definition meines Jobs helfen sollte, zu bescheißen lag mir nicht. Magenkrämpfe und eine sich zunehmend verschlechternde Gesundheit waren die Folge. Eines Morgens stand ich auf, blickte in den Spiegel und fand mich alsbald auf der zuvor beschriebenen Kreuzung wieder. Vor mir nichts als Schwärze und hinter mir der verrottete Rest von Traumleichen, die nie wirklich leben durften.

Ausbrechen, quergehen.

Der Job war ebenso schnell gekündigt wie die Wohnung, alle Brücken waren verbrannt und die Ferne wartete. Weiter weg als Australien geht kaum, also ging es dorthin. Ein Jahr als Vagabund folgte. Gehen lassen, getrieben werden vom Lauf der Dinge, jeden Tag eine neue Welt, in der Zeit keine Rolle spielt. Der Versuch sich in die australische Gesellschaft einzugliedern scheiterte trotzdem. Die Arbeitswelt ist überall in „zivilisierten" Ländern gleich und der Australier als Mensch mir zu oberflächlich. Tiefe fand ich nur in der Natur und der Begegnung mit mir selbst, ich wurde immer mehr zum Einzelgänger. Obwohl ich die Zeit sehr genossen habe, dieser Ausbruch in die Ferne genau das war, was ich brauchte, war ich froh, als das Jahr und damit mein Visum zu Ende ging. Australien war eine überragende Erfahrung, aber eine Heimat, der Platz für mich auf dieser Welt, das war es nicht.

Nach dem Jahr in der Ferne war die Welt noch immer die gleiche geblieben. Zurück in den Alltag muss ich, aber muss der Alltag immer der gleiche sein? Da sitzen und die verlorenen Gedanken wieder aufsammeln, die Gedanken an eine vergangene Reise und eine Suche nach einem anderen Alltag, um darin nach einer Antwort zu fahnden und nichts zu finden. Da sitzen und erkennen, dass man ein Jahr aber keinen Schritt weitergekommen ist. So sitzt sie da, die Bitterkeit, sitzt wie immer alleine und frisst die Hülle Mensch um sich.

Wenn die Antwort nicht in der Ferne liegt, vielleicht liegt sie dann in der Nähe. So kam ich zurück nach Lindenfels, wo ich immer noch sitze und die Wand anstarre. Wegmüssen, weiter suchen, aber wie? Etwas anderes habe ich noch gar nicht erwähnt, warum weiß ich nicht, vielleicht weil wir nicht gerne über unsere Ängste sprechen. Wir sind in einer Gesellschaft der Stärke groß geworden und Angst zeigen heißt Schwäche zeigen. Aber da ist etwas, das mich erschauern lässt, eine tief sitzende Furcht ist sie meine Routinephobie. Ich habe fürchterliche Angst vor dem Alltag, vor der Routine des alle Tage, alles gleich. Jeden

Morgen aufstehen zu müssen und zu wissen, dass der neue Tag nur eine Kopie der vergangenen wird. Highlights setzt nur das Fernsehprogramm, ansonsten ist Stillstand. Langeweile in der Endlosschleife, um irgendwann aus diesem Dornröschenschlaf zu erwachen und zu merken, dass das Leben vorüber ist, dann in Panik zu verfallen und sich einen Porsche zu kaufen, bei dieser Aussicht läuft mir der Angstschweiß die Stirn herunter. Es muss doch eine Möglichkeit geben, das Leben anders zu gestalten. So wird meine Suche nach der Heimat und dem Sinn auch und vor allem eine Suche nach einem anderen Alltag, denn genau in diesem vermute ich meine Heimat.

Mir fällt ein Buch in die Hände, unscheinbar steht es im Regal, lehnt sich gelangweilt gegen seine Brüder. Als ich es greife, scheint es zu erwachen, es zittert in meiner Hand vor Erregung, erwartungsfroh schaut es mich an und lädt mich ein, es zu lesen. Auf seinem Deckel verrät es mir seinen Namen:

Europäischer Fernwanderweg E1.

Von der Nordsee zum Mittelmeer führt der Europäische Fernwanderweg E1.

So steht es im Geleitwort. Eine interessante Idee. Mit dem Finger zeichne ich auf der Landkarte den Wegverlauf nach. Hoch oben von Kiel bis runter nach Konstanz durchschneidet er Deutschland. Schleswig, die Heide, Sauerland, Westerwald, Taunus, den Odenwald ... den Odenwald? Das sehe ich mir genauer an. Tatsächlich, der Weg führt nur wenige Kilometer entfernt an Lindenfels vorbei. Hatte ich nicht geklagt, beim letzten Mal zu schnell aufgebrochen zu sein? Was ist langsamer als Wandern, was natürlicher? Kaum etwas. An dieser Stelle muss ich erwähnen, dass Wandern kein Neuland für mich ist. Besonders gerne mag ich Fernwanderungen. Klar, auch Tagestouren haben ihren Reiz und bieten Erholung. Aber ich will mich nicht nur erholen, ich will ausbrechen – zumindest für eine Weile. Mit jedem Tag auf einer Fernwanderung entfernt man sich mehr vom Gewohnten und seiner eigenen Rolle darin. An diesem Punkt wird Wandern zur Philosophiefrage. Ich weiß, Wandern klingt langweilig und bieder, aber ist nicht das Gegenteil der Fall, ist es nicht geradezu Anti-Establishment, ein Ausbruch aus der gesellschaftlichen Norm und gesprengte Ketten? Revolution mit den Füßen. Revolution gegen die gewohnte Bequemlichkeit. Für mich Grund genug zum Wandern. Um es in den Worten von Emil Zátopek zu sagen: Vogel fliegt. Fisch schwimmt. Mensch läuft. - und zwar mindestens zwanzig Kilometer am Tag. Dafür ist die Hochleistungsmaschine Mensch gemacht. Wenn es so einfach ist, warum laufen wir dann nicht mehr? Ich schätze, wir haben es verlernt. Gewohnheit und Trägheit sind die Eckpfeiler einer modernen Gesellschaft. Nichts ändern und bitte nichts Neues – ist alles zu unbequem.

Doch Wandern ist nicht nur unbequeme Bewegung, es ist zu allem Überfluss auch Reduzierung. Verglichen mit dem Auto ist es eine Reduzierung in puncto Strecke, Gepäck und Komfort. 30 Kilometer statt 300. 20 Kilogramm Gepäck statt 200. Schmerzen in Schultern, Beinen und Füßen statt nur im Rücken.

In diesem Zusammenhang drängt sich eine weitere Frage auf: Wie wenig brauche ich zum Leben?

Aus dieser Frage und der Reduzierung auf das Kleine und Wenige erwächst eine Erhöhung. Eine Erhöhung des Ich, des Erlebnisses und der Erfahrung. Mensch statt Maschine. Alle Sinne statt Sinnlosigkeit. Entdecken statt übersehen.

Vor der eigenen Haustür starten, von hier aus an das südliche Ende der Bundesrepublik zu laufen liegt so nahe, dass es mir bisher noch gar nicht eingefallen ist. Tür auf und los – so einfach. Raus in eine neue Welt, denn selbst das Bekannte wird neu, wenn wir es aus einem anderen Blickwinkel betrachten. Ich will Deutschland mit den Augen eines Vagabunden sehen, eines neben der Gesellschaft Stehenden. Und wenn ich genau schaue und eifrig suche, vielleicht finde ich die ein oder andere Antwort, vielleicht ein Stück Heimat, vielleicht etwas wie Sinn oder kurz den anderen Alltag, die Alternative zum genormten Einheitsleben unserer Wohlstandsgesellschaft.

Wo alle geradeaus gehen, dort biege ab, soviel habe ich gelernt in meinem bisher kurzen Leben. So komme ich auf den Pfad, dem sonst niemand folgt. Er ist überwuchert und häufig genug rate ich ihn eher, als dass ich ihn sehe. Dies klingt nach einem großen Abenteuer und doch ist es nur Deutschland – Nur?

Der Odenwald

Nach Steinklingen

Hinten fällt die Tür ins Schloss, vorne öffnet sich die Welt. Die bedrückende Kleinstadtenge bleibt heute fern, denn Ferne liegt vor mir – weites Land. Dem Ort, an dem man geboren wurde und aufwuchs, haftet immer ein Gefühl von Heimat an. Und doch ist es nicht mehr der Platz, an dem ich zuhause bin, wird es nie wieder sein. Schon während der ersten Schritte bin ich Fremder in dieser einstigen Heimat. Schon früh auf meiner Wanderung versuche ich für mich zu definieren, was das eigentlich ist, diese Heimat. Ein erster Eintrag in meinem Tagebuch lautet daher auch:

Wanderer sind wir – vom Fernweh getrieben, von der Weite verführt. Heimatlose sind manche von uns, andere tragen die Heimat mit sich, sie ist irgendwo im Herzen und in den Gedanken. Dieser Gedanke allein gibt Geborgenheit.

Meine Heimat waren einmal die sanft geschwungenen Hügel des Odenwaldes, seine Märchenwälder, seine verwunschenen Täler und seine urigen Städte. Die Häuser in Fachwerk gekleidet, eingebettet in Grün und über allem thronte die Schlierburg mit dem Rest ihres trutzigen Gemäuers. Das ist Lindenfels – nie ist dieser Ort so schön wie an einem weit entfernten Fleck. In der Erinnerung. In der Ruhe und dem Sturm des Reisens – als Anker. Doch dort zu sein heißt, dieses Idealbild bröckeln zu sehen, das Tagein-Tagaus des Kleinstadtlebens tötet den Zauber, fortgehen bedeutet den Zauber zu bewahren. Es gibt Bilder, die sollte man im Herzen tragen.

Die Wahrnehmung schärft sich, Gerüche, Farben, Geräusche und Stimmungen – sensibles Näschen, wacher Blick – ein Prickeln läuft über die Haut. Man fühlt. Durch den Odenwald ist es Routine und ist es nicht. Mythen ranken sich um ihn, mit seinen Legenden bin ich wohl vertraut, doch heute ist die Perspektive eine andere, heute bin ich Entdecker.

Woher der Odenwald seinen Namen hat, ist nicht ganz geklärt. Man streitet über diverse Varianten. Leitet er sich ab vom Göttervater Odin? Aber der hieß hier im süddeutschen Raum doch Wotan. Dennoch gibt es sogar eine Gemeinde, die Odenbach, nachweislich abgeleitet vom mittelalterlichen Odinsbach, heißt.

Oder kommt die Bezeichnung dieser Region eher von dem Wort Ode, was nichts anderes als Sage bedeutet? Möglich. Schließlich ist der Sagenwald bekannt dafür, dass

Siegfried von Xanten, der Drachentöter aus dem Nibelungenlied, hier sein Ende fand.

An vielen Tagen meiner Jugend hätte ich die Ableitung des Odenwaldes vom Ödenwald für angemessen erachtet.

Der erste Tag ist auch und vor allem eine Wanderung durch meine Erinnerung. Lange war ich fort aus dieser Gegend und dennoch ist sie mir stets vertraut geblieben. Aber wohl zum ersten Mal nehme ich sie als Besucher war. Früher war die Fortbewegung hier weniger Wunsch, als vielmehr Notwendigkeit. Immer schnell. Husch husch, rasch rasch. Ich wollte nichts sehen, wollte nur durch. Hasskappe gegen diese kleine kaputte Welt. An der Oberfläche alles heil. Einfamilienhäuschenidylle und Kleinstadtschrulligkeit. Darunter ein Träumefriedhof. Gescheiterte Existenzen ertrinken im Feierabendbier.

Über Feldwege spaziere ich Richtung Fürth. Ein letzter Blick zurück. Ich fühle mich bewacht von der Schlierburg. Von ihrem Hügel schaut sie herab zu mir und bis in den mittleren Odenwald hinein, hin zur Wachenburg in Weinheim. Das ist auch grob meine Richtung. Der Sommer hat für heute sein tristes Gesicht abgeworfen. Bisher war er eher durchwachsen mit Temperaturen, die nicht so recht nach oben wollten. Die einzige Konstante war der Regen. Mit dem Tag meiner Wanderung scheint sich die Jahreszeit doch noch ihrer besten Eigenschaften zu erinnern. Unter einem strahlend blauen Himmel leuchten die Felder grün und golden ins Tal hinab.

In Fürth treffe ich einen Freund. Er sitzt im Auto. Ich stehe draußen. Wir warten an der gleichen Ampel. Er schaut zu mir, erkennt mich nicht. Dann doch. Unverständnis.

„Ich hätte dich beinahe gar nicht erkannt in der Klamotte und dem riesigen Rucksack auf dem Rücken und so ...“

Meine Antwort ist einfach: „Ich geh wandern.“

„Aber heute ist es doch viel zu warm zum Wandern!“

„Ich will nach Konstanz, ans Ende von Deutschland, und irgendwann muss ich ja loslaufen. Es wird eh nicht jeden Tag so heiß bleiben.“

„Aber heute ist es doch viel zu heiß ...“

Ampel auf Grün – auf Wiedersehen.

Die Szene begleitet mich. Etwas war anders. Mir dämmert, es war seine Reaktion. Erzähle ich mal jemandem, was ich vorhabe, löst es für gewöhnlich folgende Reaktionen aus:

Du und deine verrückten Ideen.

Da hast du aber gut was vor dir.

Warum macht man so was?

Bist du bescheuert?

Seine Reaktion war, heute sei es doch zu heiß zum Wandern. Die Idee nach Konstanz zu laufen, ließ er erst gar nicht an sich heran. Ist die Idee 500 Kilometer zu wandern, weil man an den Bodensee und raus aus dem Alltag möchte, so verrückt? Es gibt genug Beispiele von anderen Leuten, die das widerlegen, deren Touren viel ausgefallener sind. Und dennoch scheint es den meisten Menschen verrückt, seine Füße zu benutzen, um wohin zu laufen, wohin man in wenigen Stunden fahren kann. Und dann auch noch alleine. Und dann auch noch durch die Natur. So ganz ohne Sicherheitsgurt und Airbag.

Ich wandere generell allein, auch das stößt immer wieder auf Unverständnis. Ist das nicht langweilig? Hast du keine Angst? Fühlst du dich nicht einsam? Langeweile? Angst? Einsamkeit? Wissen die Menschen nichts mehr mit sich selbst anzufangen?

Alleine bin ich nie wirklich. Da sind so viele Stimmen in meinem Kopf, so viele Persönlichkeiten und Facetten, die das Wesen Ich ausmachen. Den Hauptcharakteren in mir habe ich die Rolle einer Familie zugedacht. Da ist die Mutter. Romantisch, etwas schnulzig, aber, wenn es um die Haushaltskasse geht, kalt, rational, analysierend. Papa ist ein Zyniker. Kritisch gegenüber der Welt, gegenüber den Menschen. Das Kind ist, wie Kinder sein sollten. Verträumt, verspielt, neugierig, der Welt gegenüber offen, noch nicht von ihr vergiftet. Die Familie hat auch ein Haustier. Den

Schweinehund. Ein fieses hinterhältiges Subjekt. Immer lauernd auf seine Chance, auf einen Moment der Schwäche und dann beißt er zu.

Sie meinen, das klingt verrückt, irgendwie schizophren? Vielleicht haben sie recht, vielleicht auch nicht. Obwohl ich mich durchaus als Eins fühle, bin ich mir der Vielschichtigkeit des menschlichen Wesens bewusst. Sind sie nicht auch häufiger mit sich selbst im Zwiespalt, reden auf einen Teil von sich ein, um ihn von einem anderen Teil von sich zu überzeugen, finden in sich Widersprüche oder gar Charaktereigenschaften, welche nicht miteinander vereinbar sind. Wer Hermann Hesses Steppenwolf gelesen hat, braucht an dieser Stelle keine weiteren Erklärungen, wer nicht, sollte dies dringend nachholen.

Während des Gehens lösen sich meine Gedanken gerne von diesem Körper um sie herum, wenn sie zurückkommen, fehlt mir manchmal die Orientierung. So auch diesmal. Mir versagt die Ortskenntnis und am ersten Tag will ich mich noch nicht verlaufen, also folge ich ab Fürth der Landstraße. In Nieder-Liebersbach werde ich auf den Europäischen Fernwanderweg E1 wechseln. Er wird mich nach Konstanz führen. Doch bis dahin Asphalt und Straßenlärm, aber auch pittoreske Städtchen. Dörfer in denen sich Igel und Hase noch Guten Tag sagen und die Hälfte der Bevölkerung vom

Tierarzt zur Welt gebracht wurde.

Vor Rimbach bin ich schon angekommen. Ein Plakat auf dem ALDI-Parkplatz grüßt mit den Worten: Konstanz – die Stadt am H_2O. – Wird als gutes Zeichen für die Reise gedeutet und weiter.

Die Straße zum Saukopftunnel ist gesperrt, das mache ich mir zunutze, es ist der schnellste Weg nach Nieder-Liebersbach. Denke ich zumindest, denn weder die Straße noch der Tunnel sind auf der Karte eingezeichnet, die in der Wegbeschreibung enthalten ist. Das Impressum verrät warum: Das Buch ist knapp zwanzig Jahre alt. Die Karten sind zudem im Maßstab 1:200.000. Wird schon klappen.

Endlich ist sie da, die Wegmarkierung des E1. Das weiße Andreaskreuz. Es wird Zeit für eine Pause. Die Sonne hat mich fast auf dem glühenden Asphalt fest gebraten. Wasser und Müsliriegel im Schatten der kleinen Dorfkirche. Langsam nimmt der Brei im Hirn wieder Normaltemperatur an.

Über den Saukopf geht es in den Wald und von dort nach Birkenau. Doch bleiben wir kurz bei dem Saukopf und den bezaubernd ländlichen Benamungen im Odenwald. Da gibt es Berge mit solch „glanzvollen" Namen wie Saukopf, Katzenbuckel und Gickelsberg (kleine Volkskunde: ein Gickel ist ein Hahn). Ortschaften mit Namen wie

Schönmattenwag werden kurzerhand in Schimmeldewoog umbenannt. Und erst die Sprache: Do (Da) schlapp (laufe) ich iwwere (über einen) Pähdsche (Pfad) mirreme (mit einem) Haufe Emenze (Haufen Ameisen). Herrlich oder? Bei uns dehohm (zu Hause) schlägt man sich auch die Käiz (Bauch) mit einem Kochkässchnitzel voll oder mit einem Handkäs mit Musik (Odenwälder Spezialitäten), dazu en Bembel Äbblwoi (ein Krug Apfelwein). Hier draußen gibt es eher Hoolebeijen (Heidelbeeren), Konnsdrauwwe (Johannisbeeren) und Persching (Pfirsich). Was soll's: druff un dewerre (Augen zu und durch). Ein bisschen sentimental werde ich schon bei dieser Landkultur, die auch mich ein Stück mitgeprägt hat.

Der Odenwälder selbst gilt im Umland als versoffener Bauer. Stur und engstirnig, aber auch als harter Hund. Eine Frau, die zu Besuch im Odenwald war, berichtet über die Kälteverträglichkeit der Einwohner – und ihr Verhältnis zum Alkohol: -120°C – Alkohol gefriert. Die Folge davon: Der Odenwälder ist sauer.

Man mag mir an dieser Stelle den kleinen gefühlsduseligen Ausflug in die Odenwälder Folklore verzeihen. Deutschland ist kein homogenes Land – und das ist gut so. Wohin man sieht, überall findet man regionale Besonderheiten: ulkige Dialekte, schräge Bräuche und außergewöhnliche

Menschenschläge. Aus dem Odenwald stammend ist mir wohl das Interesse an diesen ländlichen Traditionen und schrulligen Eigenheiten in die Wiege gelegt worden, daher freue ich mich, nicht nur die unglaubliche landschaftliche Vielfalt, sondern auch die kulturelle Tiefe Deutschlands kennenzulernen.

Gemütlichen Schrittes geht es nach Birkenau. Im Schlosspark gönne ich mir Ruhe. Über die Weschnitz hinweg läuft der Weg am Rathaus vorbei. 1552 gebaut, gehört es zu den ältesten Fachwerkhäusern Südhessens. Es geht steil bergan. Durch Obstgärten hindurch schlüpfe ich in schattig-kühlen Laubwald. Die Schweißbäche laufen trotzdem. Schon am ersten Tag verströmen meine Klamotten den markanten Duft des Sommerwanderers. Schweiß und Sonnencreme.

Ab dem Gorxheimertal halte ich Ausschau nach einem Schlafplatz.

Da mein Reisebudget aus unglaublichen 80 Euro besteht, darf das Schlafen nichts kosten. Eine Wiese oder Holzhütte findet sich überall. Das muss reichen. Ich frage nicht nach Erlaubnis. Als Wanderer fühle ich mich frei. Der Gesellschaft nicht mehr zugehörig. Auch das ist Teil der Strategie, den Alltag zu vergessen.

Heute ist es eine Wiese, kurz vor Steinklingen. Eine Baumreihe versteckt mich vor dem gegenüberliegenden Tennisclub. Das Plopp-Plopp des Wohlstandsvergnügens meiner Nachbarn, das Brummen der großen Motoren ihrer großen Autos steht im krassen Gegensatz zu meinem armselig blubbernden Campingkocher, vor meiner kleinen Leinwandvilla und dem Schmerz in meinen Füßen. Aber die da drüben müssen spätestens morgen früh zurück in ihr Leben, ich darf weiter.

Nach Unterhof

„Ham Sie eine Pistole dabei? Deutschland ist gefährlich!“ Aha, also doch Wildnis hier. Der Tipp kommt von der gut 70-jährigen Erna. Sie wedelt wild mit ihren Alzheimer-Jogging-Stöcken, um die Bedeutung ihrer Worte zu untermalen. Sie ist eine ausgemachte Survivalexpertin, man erkennt es sofort an ihrem hochfunktionellen Sommerkleidchen, in schreiend pinken Tarnfarben. Welche fiesen Biester die Schleife auf ihrem ebenso pinken Sommerhut abwehren sollen, vergesse ich zu fragen. Der Rest des Tortenvernichtungskommandos ist herangeeilt. Auch sie wollen diesen Sonderling begutachten, der so mir nichts dir nichts einfach mal wandern geht. Lisbeth reicht mir eine Banane, die anderen ziehen sie fort.

„Füttere es nicht, sonst läuft es dir nach.“

„Du weißt doch gar nicht, ob es das überhaupt mag.“

„Geh nicht zu nah ran. Du holst dir noch was,“ meine ich es leise zischeln zu hören, als sich die Schlangen langsam schlängeln.

Auf ihre Banane kann ich verzichten, der Großteil der Wegzehrung ist umsonst. Verführerisch reife Äpfel, saftige

Birnen, pralle Pflaumen, süße Himbeeren, üppig beladene Brombeerhecken und allerlei nahr- und schmackhafte Nüsse und Samen – Deutschland ist nicht geizig. Zwar kenne ich nur einen Bruchteil der deutschen Flora und als einen Nehberg kann ich mich beim besten Willen nicht bezeichnen, aber ich bin auf dem Land aufgewachsen, da weiß man sich zu helfen.

Fabelhafte Laubwälder formen einen Tunnel aus grün und braun. Der Wanderpfad wird zum Trampelpfad. Tiefer hinein führt er. Kleine Lichtungen in goldenes Licht getaucht lassen den erneut heißen Tag erahnen. Der Wald ist dicht genug, um Schatten zu spenden, doch offen genug, um atmen zu können. Es ist nicht die Art Wald, in dem man erwartet ein Hexenhäuschen zu finden, vielmehr gleicht er einem Elfenheim.

Der Wechsel ist vollzogen: vom hessischen in den badischen Odenwald. Hessen war meine Heimat, bevor sich meine Wahrnehmung erweiterte. Bald wurde Deutschland meine Heimat, bald Europa und bald schon wusste ich nicht mehr, was Heimat überhaupt ist. Und jetzt? Habe ich etwas wiedergefunden? Ja, aber was, darüber bin ich mir selbst noch nicht klar.

Mit Hessen verlasse ich also das Land meiner Jugend, gehe voran, dort vorne ist der Horizont, dort vorne ist das

Morgen, das unbekannte Morgen, das schöne Morgen, denn dort ist nichts, das ich kenne. Auch das ist wandern für mich. Davonlaufen. Darauf zulaufen. - Nun laufe ich auf die Schweizer Grenze zu; dafür muss ich durch Baden-Württemberg, einmal der Länge nach durch.

Allmählich wird es Zeit für eine Pause. Die Mittagssiesta ist ein Ritual, eine feste Institution auf jeder Wanderung. Ein lauschiges Plätzchen finden, raus aus den Stiefeln, um die Umgebung mit Käseduft zu verwöhnen, den Hut verwegen ins Gesicht ziehen und der Welt zuhören, wie sie sich langsam dreht. Nur die Geräusche der Natur flüstern in die Stille und vervollständigen sie damit sogar noch.

Was habe ich mich auf den Neckar gefreut. Zwischen Ziegelhausen und Schlierbach werde ich ihn überqueren. Pünktlich zur Mittagssiesta. In meinen Gedanken sehe ich mich schon am Ufer im Gras sitzen, höre Enten quaken, sehe Schwäne ziehen ... Ach, es wäre so schön gewesen. Beton, Asphalt, Straßen, so sieht die Wirklichkeit aus. Ein winziger Grünstreifen umqualmt von Abgasen. Der Motorenlärm schmerzt in den Ohren, der Verkehrsstress im Herzen. Wer ein Flussufer zu einer Schnellstraße macht, sollte nie wieder Freude haben im Leben.

Mittagssiesta verschoben. Ich hätte sie gebraucht. Hinter Schlierbach wird es steil und steiler. Auf dem Weg zur Uni bin ich Morgen für Morgen mit dem Zug an diesen Hügeln vorbei gefahren. Sehnsüchtig sind dann meine Augen über die Wellen in der Landschaft geglitten und immer wieder wünschte ich mich hinein, hinauf, hinüber. Der Zug war die Routine, zu Fuß über die Berge ist die Alternative. Genau hier bin ich jetzt, die Alternative lebend. Kein Gedanke ist geeigneter mich diesen Berg hinauf zu quälen. Und oben auch noch diese Belohnung. Eine große Lichtung, mit kleiner Hütte und einem Brunnen mit frischem kühlem Quellwasser. Endlich Siesta.

Rucksack runter, Hemd aus und ab zum Brunnen. Kopf rein. Es zischt. Dampf steigt auf. Ich möchte schreien vor Glück. Ab zum Tisch, der gut positioniert im Schatten unter einer riesigen Eiche steht. Schuhe aus und Füße inspizieren. Habe ich ein Problem mit Blasen? Nein, nie! Sie kommen ständig zu Besuch. Am ersten Tag sind sie noch in der Entwicklungsphase, am zweiten Tag gibt es die ersten Prototypen, am dritten Tag werden sie bereit sein für die Massenproduktion. Was ich dagegen mache? Weiterlaufen. Irgendwann gehen die Blasen auf, dann wächst Hornhaut drüber, schließlich sind die Füße versiegelt und eingelaufen.

An solchen Plätzen dauern die Augenblicke länger. Es gibt ein Deutschland ohne Verkehrslärm, ohne Menschenlärm. Die Glieder sind schwer, aber die Gedanken leicht, frei würde ich fast sagen, zumindest liegen weniger Ketten um sie. Warum sich wegen des Morgen sorgen, wo die Zukunft doch heute beginnt und nichts vorher bestimmt ist.

Ich wollte das Gleiche über die Vergangenheit sagen, wollte ihre Bedeutung für das Heute leugnen, wollte behaupten sie fände keinen Platz in meinem Rucksack, doch irgendwie mogelt sie sich immer hinein, nur hier, mit nackten Füßen und nackten Schultern, spüre ich sie nicht.

Zurück auf dem Weg. Auerhahnkopf, Drachenhöhlenweg, Erlenbrunnen, verwunschene Orte, deren Mythen ich nur erahnen kann, deren Schönheit wirkt. Gegen die Hitze helfen die vielen Brunnen. An einem Parkplatz vor Gaiberg plätschert der Bärenbrunnen. Ein Pole und ein Chinese stehen da und füllen Wasser ab – in Zwanzig-Liter-Kanister. Zehn leere zähle ich neben dem Brunnen, weitere zehn, diesmal volle, stehen auf dem Lieferwagen. Den Sinn dieser Handlung begreife ich nicht. Da die beiden den Sinn meiner Handlung auch nicht begreifen, verstehen wir uns gut. Als ich das Angebot, mich in die nächste Stadt zu fahren, ablehne, schütteln sie den Kopf und lächeln nichts wissend.

Gaiberg ist eine deutsche Kleinstadt wie so viele andere. Ein Dorfplatz, ein bisschen Kopfsteinpflaster, eine Kirche, drum herum Ein- und Mehrfamilienhäuser mit Garten und schon ist man durch. Am Ortsausgang begegnet mir das erste Wandererlogbuch für den E1, es wird das Einzige bleiben. Schade. Ich mag diese Bücher, in denen sich jeder verewigen darf. In ihnen zeigt sich oft die Seele des Wanderns. Worte der Freude, des Glücks, der Erwartung und der Hoffnung. Ein Zitat von Nietzsche steht neben einem: Danke Mutti, und wirkt dennoch nicht fehl am Platz.

Wenn du draußen bist und Dreck frisst, dann darf sein, was ist. - Tagebuchweisheiten und Tagebuchromantik.

Mit dem Nachmittag beginnt auch immer die Quartiersuche. Wald wird durch Ackerland abgelöst, Waldboden durch Asphalt. Die Sonne brennt noch immer. Über der Erde staut sich die Hitze, die Luft ist verbraucht. Fauliges Obst und Düngerduft. Mein Tagespensum ist geschafft, jetzt will ich Ruhe und endlich liegt sie da, eine kleine Obstwiese. Von Apfelbäumen flankiert, am Ende von Wald begrenzt, etwas abschüssig von der Straße, bietet sie ausreichend Sichtschutz. Für das Zelt ist es noch zu früh, Wildcampen ist in Deutschland verboten. Das Land wird von Menschen regiert, die wir wählen und die uns dann verbieten, in ihm zu leben. Kein Bauer ist da, den ich fragen könnte, also warte ich auf den Sonnenuntergang, das ist unauffälliger. Aber Isomatte raus und Nickerchen machen geht immer.

Als sich der Schatten über mich senkt, erwache ich. Geöffnete Augen erblicken eine grüne Uniform. Wald-und-Wiesen-FBI, ein Förster. Na toll.

„Wollen Sie hier etwa übernachten?"

„Ja, eigentlich schon. Stört Sie das?" gestehe ich.

„Mich nicht, aber heute beginnt die Wildschweinhatz und Sie sitzen im Jagdgebiet."

„Und das ist nicht gut, oder?"

„Wenn Sie auf Schrot im Hintern stehen, können sie bleiben."

Ich gehe.

Das Jagdgebiet erstreckt sich über das nächste Waldstück hinaus. Das Stück Wald ist noch ein Stück weit weg und ein Stück größer als gedacht. Es wird ein langer Tag.

Diese Wildschweine müssen einer Schläferzelle der Al-Qaida angehören bei dieser Mobilmachung der Waldsheriffs. Überall grüne Männlein mit Flinten in ihren Stellungen verschanzt. Der dritte Weltkrieg hat begonnen und es sind nicht die Russen, die Chinesen oder die Außerirdischen – es ist die gemeine deutsche Wildsau, die nach der Weltherrschaft trachtet. Kritisch werde ich beäugt. Bin ich ein Handlanger ihres Terrorregimes, ein Spion, die Androhung der heraufdämmernden Apokalypse?

Ohne Schrot oder andere Projektilgeschosse in meinem Körper erreiche ich das Ende dieses militärischen Sperrgebiets und lande in einem Mückenschwarm. Darauf solltet ihr Jagd machen, die solltet ihr weg ballern. Das Abendessen kann ich mir sparen, bei all diesen versehentlich verschluckten Miniaturkörpern. Vielleicht wird doch noch ein Nehberg aus mir.

Meine Herberge wird eine Naturfreundehütte, kein Naturfreundehaus. Ein Haus hat vier Wände, ein Dach und vielleicht ein Bett. Meine Hütte hat nur ein Dach und keine Wände, aber bietet genug Raum für zwei Parkbänke und einen Picknicktisch.

Home sweet Home.

Der Kraichgau

Nach Bruchsal

Frühstücksbüffet am Obstlehrpfad. Er lädt dazu ein, sich zu bedienen. Das tue ich. Reichlich. Die Menschen von Unterhof wissen, was sich gehört, sie verwöhnen ihre Wanderer.

Über eine Kuppe mit herrlicher Aussicht wechseln Wälder und Felder in einem angenehmen Rhythmus und führen mich nach Mühlhausen. Denke ich. Stolz darauf, schon so weit gekommen zu sein, gönne ich mir eine Pause. Laufe weiter und erreiche Mühlhausen. Super, irgendetwas muss ich übersehen haben. Keine Zeit verlieren, gleich weiter. Wie ich so laufe, kommt mir der Gedanke: Kenne ich doch, oder ...? Ja, kenne ich. Hier habe ich vorhin Pause gemacht. Es scheint, als hätte ich vorhin eine Wegmarkierung übersehen und dadurch eine Abkürzung gefunden. Schlau wie ich bin, bin ich den Weg nach Mühlhausen zurückgegangen. Mindestens einmal pro Tour verlaufe ich mich immer – auch das ist ein Ritual, eine Institution – wenn auch ungewollt.

Auch nach Mühlhausen bleibt die Landschaft nett. Ich kann das beurteilen, sehe sie immerhin schon zum zweiten Mal. Weinhänge schmiegen sich an die Hügel und sporadisch taucht Mais auf.

Die Wälder sind mit unglaublich gut gepflegten Trimm-Dich- Pfaden durchzogen. Sie erinnern sich, diese Dinger aus den 70er Jahren, die heute vermodert und überwachsen in ihrem heimischen Wald verenden?

In Östringen gönne ich mir einen durchschnittlich guten Milchshake, was auch praktische Gründe hat. Nach drei Tagen draußen gibt es Bedürfnisse, für die ein Baum zwar ausreicht, doch noch bin ich nicht ausgewildert genug für den Freiluftschiss. Die öffentliche Toilette an der Kirche ist verschlossen. Es ist Samstag und alle Läden, die einen Schlüssel zu diesem Porzellanparadies haben, sind ebenfalls geschlossen. Warum eine Toilette verschließen? In Östringen? Diese Stadt macht den Eindruck, dass alle, die randalieren könnten, auswandern, bevor sie das kritische Alter erreicht haben. Also Milchshake. Der ist lecker, der gibt Kraft, der verschafft mir die Legitimation länger die Gastfreundschaft der Sanitärenanlagen zu strapazieren.

Wer über Trimm-Dich-Pfade in so makellosem Zustand verfügt, der braucht keine Toiletten verschließen, lass dir das gesagt sein Kraichgau.

Hätte ich mir den Spott verkneifen sollen? Der Kraichgau beginnt mir wehzutun, harter, heißer Asphalt unter einer erbarmungslosen Sonne. Die Füße schmerzen, ebenso der Rücken. Das Hirn ist Brei. Hochgewachsene Maisfelder versperren die Sicht. Links: Mais. Rechts: Mais. Vorne: Asphalt – der Blick reicht zur nächsten Kurve, dann: Mais. Ein Labyrinth aus Mais. Wie hoch ist der Anteil vom Kraichgau an der Weltmaisproduktion? Exportieren wir den auch nach Mexiko?

Dann geschehen mehrere Sachen auf einmal: Ein Schmerz schießt in meinen linken Knöchel und der schwillt an, die Wegmarkierung stimmt nicht mehr mit meinem Wanderführer überein und der Mais nimmt überhand.

Der Reihe nach. Zuerst der Schmerz im Knöchel.

Plötzlich, ohne Vorahnung, auf einem Bergabstück, bohrt sich eine imaginäre Nadel in den Knöchel. Es geht zunächst nur humpelnd voran. Nach ein paar Schritten wird es besser, ohne gut zu sein. Bei jedem Berg runter Laufen setzt der Schmerz wieder ein.

Dann die falsche Wegmarkierung und der Mais.

Orte werden beschrieben, die ich nie erreiche. Kreuzungen werden erwähnt, die es nicht gibt. Distanzen dehnen, Richtungen verzerren sich. Die Wegführung muss in den letzten zwanzig Jahren geändert worden sein. Anstatt nach

Zeutern, weißt mein Weg nach Odenheim. Dieser Weg ist nicht nur länger, sondern auch hässlicher. Wie ich das sagen kann, ohne den anderen gegangen zu sein? Einfach: Hässlicher als dieser Weg geht es nicht. Es ist der Mais. Er ist überall. Warum muss ich hier langgehen. Will mir der Kraichgau den Stolz seiner Agrarwirtschaft zeigen? Braucht es dieses Image als das Mexiko Europas?

Er hat zu schön angefangen dieser dritte Tag. Es konnte nicht so bleiben. Das Phänomen nenne ich Tag-Drei-Fluch. Der erste Tag ist Euphorie, der Zweite Begeisterung, der dritte Tag ist die Hölle. Jedes Mal. Warum laufe ich überhaupt noch an diesem ominösen Tag? Ich sollte ihn in Zukunft als Ruhetag planen. An einem dritten Tag ist noch nie etwas Gutes passiert. Er ist die Ernüchterung. Man wird sich der Anstrengung bewusst, man wird sich der Tage bewusst, die noch vor einem liegen, man wird sich bewusst, dass man stinkt und wie man stinkt. Man zweifelt, man leidet. Es ist die schlimmste Form des Leides. Das Selbstmitleid. Mit sich selbst mitleiden ist quasi eine Verdopplung des Leides. Das Leid, das man hat und das Leid; das man nicht hat, aber mitfühlt, also mitleidet. Kopf und Körper leiden also in Eintracht. Klingt nach Harmonie und ist doch nur Hegemonie des Schwachen über die Stärke. Eine Umkehr der Evolution. Da die Evolution ein schrittweises Fortschreiten auf einem Weg ist, der kein Zurück kennt, mein Kopf allerdings zurück möchte, entsteht eine Dissonanz, die alles infrage stellt.

Typische Tag-Drei-Gedanken.

Dann Bruchsal. Es ist bereits Nachmittag. Ich kenne nur noch ein Ziel: Ein paar Meter raus aus der Stadt und eine Wiese für das Nachtlager finden. Klingt einfach. Könnte so einfach sein. In Bruchsal verliert sich die Wegmarkierung. Also Karte und Kompass. Der Kompass liegt zu Hause. Die Karte hat den Maßstab einer Weltkarte und ist fast zwanzig Jahre alt. Ist ja nur Deutschland. Tolle Vorbereitung. Wie soll ich meine Heimat entdecken und einen Sinn in allem finden, wenn ich in einem der zivilisiertesten Länder der Welt den Weg verliere, mein Fuß schmerzt und ich gegenwärtig den Sinn dieses ganzen Unterfangens anzweifle?

Ein markanter Punkt auf der Karte scheint mir die Langental Siedlung, ein paar Kilometer außerhalb von Bruchsal, die sollte zu finden sein, ab da sind bestimmt wieder Wegmarkierungen vorhanden. Ach, trügerischer Optimismus. Karten sind etwas Tolles. Die Karte visualisiert abstrakte, raumbezogene Daten und nur schwer formulierbare räumliche Zusammenhänge mit dem Ziel, diese für den Menschen leicht verständlich zu machen. Weiß das allumfassende, jeden Studenten rettende, Wikipedia.

Eine Karte besteht aus Höhenlinien, Geländeprofilen, Symbolen und unbekannten Namen. Sie wirkt nüchtern und steril, aber verspricht dabei die Welt. Die Landkarte ist für mich die Abstraktion des Abenteuers. Mit dem Finger über ihre glatte Oberfläche fahren, Ortsnamen und interessante Wegpunkte aufspüren, im Kopf eine Vorstellung, eine Ahnung, ein vorweggenommener Traum von Ferne und Weite, so beginnt für mich jede Reise.

Bei der Langental Siedlung drängt sich mir sofort das Bild eines Zigeunerlagers auf, vielleicht auch eine Siedlung der Ausgestoßenen oder eine Hippiekommune, eine Anti-Gesellschaft am Rande der Stadt, eine Randgesellschaft. Ach herrje, die Phantasie ist oft ein böser Geist. Anstatt einer Zeltstadt mit Lagerfeuern und Klampfenmusik finde ich einen Golfplatz mit Schickimicki-Restaurant und Kaviar. Nicht ausgestoßen sondern sich selbst ausschließend. Nicht von der Geißel der Armut getrieben, sondern von der Geißel des Reichtums. Dabei liegen Reichtum und Armut oft ganz dicht beieinander. Was kann man für Geld kaufen? Doch nur Objekte. Zu blöd, dass wir in einer höchst subjektiven Welt leben.

Ich sehe ein Auto. Es ist riesig, luxuriös und teuer. Ich denke: Man muss der reich sein. Er allerdings sieht nur das Auto seines Nachbarn, das Größere und Teurere, das, welches er sich nicht leisten konnte, und fühlt sich arm. Es ist nur ein Beispiel und noch nicht mal allgemeingültig, aber es zeigt, wie der Fokus auf Besitz, besonders Statussymbole, die Perspektive verzerrt. Die Welt mag sein, wie sie ist, doch die Welt, die wir wahrnehmen, ist von Mensch zu Mensch grundverschieden. Das Objekt entzieht sich immer ein Stück weit der menschlichen Erkenntnis. Und doch sind wir objektgesteuerte Subjekte, die Objekten subjektive Wertvorstellungen zu ordnen.

Jetzt bin ich hier unter sie gekommen. Der Antichrist für diese Gläubigen der heiligen, weltlichen Kirche des Geldes. Ich frage das Paar mit dem Golfwagen, ob sie meinen Rucksack aufladen und in den nächsten Ort fahren wollen. Finden sie nicht gut. Die Lady im Golfshop hat weniger Glück, sie schafft es nicht ihren Laden zu schließen, bevor ich heran bin. Ei, Wegmarkierung, wandern in Deutschland – nie gehört. Aber gegenüber wohne ein Mann. Der war schon vor dem Golfplatz da, der sei bestimmt auch schon mal gewandert.

Die Tür steht offen. Keine Klingel. Also klopfe ich. Keine Reaktion. Also schreie ich. Eine Reaktion. Schritte. Ein Mann erscheint, der aussieht, als hätte er schon zwei Jahrhundertwenden in diesem Haus verlebt. Er ist fast blind und fast taub. Kommt er mir deshalb so nahe? Oder ist er ein alter Mann, der Liebe braucht? Schlürp, saugt er sich an mir fest.

„Alfred?"

„Äh, nee ...!?"

In diesem Moment kommt Alfred, ich denke zumindest, dass er das ist, und zieht mir den alten Blutegel von der Haut. Alfred ist der Sohn, da auf Besuch und etwas verwirrt, aber erfreut jemanden wie mich zu sehen. Auch er kann dem Golfrummelplatz nichts abgewinnen. Allerdings kennt auch er den Ei nicht. Aber er kann mir sagen, wie ich in die nächste, von meinem Wegführer beschriebenen, Ortschaft komme. Er kann es und er versucht es mit der Genauigkeit eines Menschen, der den größten Teil seines Lebens auf diesen Feldern verbracht hat.

„Also, hier gerade aus, dann gabelt sich der Weg. Links hoch, mittendurch und rechts runter. Du gehst unbedingt rechts runter, damit du dann nach 500 Metern auf den Weg kommst, der mittendurch ging. An der zweiten Kreuzung nimmst du die Dritte links, läufst vier Schritte gerade aus, bevor du am fünften Baum sechsmal rechts läufst, um in den siebten Himmel zu gelangen. Da musst du dich in Achtnehmen vor den neun Ringgeistern, die die Zehn Gebote bewachen. Wenn es dann um elf zwölf schlägt, bist du da" – hier hatte er mich verloren. Na gut, vielleicht schon etwas früher.

Als ich in die angewiesene Richtung laufe, meldet sich der Schmerz in meinem Knöchel zurück und erinnert mich daran, dass ich ein Nachtlager finden muss. Aber auch hinter Bruchsal und dem Golfplatz bleibt sich der Kraichgau treu. Asphalt und Mais. Tag-Drei-Fluch in Reinstform. Keine Orientierung, alles schmerzt, nichts macht mehr Sinn. Der Tag ist eine einzige Enttäuschung, ein leeres Versprechen. Ich will, dass er zu Ende geht. Jetzt und gleich. Umdrehen, zurück laufen. Wieder am Golfplatz vorbei. Die Hoffnung liegt auf einem Bild in meinem Kopf, etwas das ich vor einer kleinen Weile im Augenwinkel wahrgenommen hatte. Da sind die Randgebiete von Bruchsal und ja, da ist der Bolzplatz – mein Nachtlager.

Kein Abendessen und kein Zelt, für beides fehlt mir die Kraft. Ich will den Tag einfach nur töten, mit Schlaf töten, will morgen mit ihm wiederauferstehen. Isomatte und Schlafsack müssen ausreichen, tun es aber nicht. In der Nacht beginnt es zu regnen – vielen Dank, auch das noch, bis das Zelt steht, bin ich nass.

Tag-Drei-Fluch!

Machtkampf mit dem Schweinehund

Ein anderer Alltag holt mich ein. Der Alltag des Wanderers. Frühstück, Rucksack packen und weiter. Strecke machen. Voran, voran. Gegen die Schmerzen, gegen den Mais, gegen den Schweinehund. Der zählt schon die Kilometer bis ins Ziel, der fragt unablässig: Warum? Ich will ihn zum Schweigen bringen, doch seine Argumente werden lauter, überzeugender. Warum? Warum eigentlich nicht? Warum dieses mühsame Dahinschreiten nicht einfach sein lassen? Nach Hause fahren und Füße hochlegen, den Fernseher einschalten und vergessen, dass ich jemals mehr vom Leben wollte, aufkommende Zweifel am Sinn des Lebens, wie wir es führen einfach im Alkohol ertränken, mit dem Lärm der Zivilisation übertönen – das klingt doch nicht schlecht. Ich bin schließlich nicht dazu verpflichtet, mich hier zu schinden, kein Vertrag zwingt mich. Ich bin frei zu gehen, wohin ich will. Auch nach Hause. Zurück in die Bequemlichkeit des Systems, nur zwei Schritte vom Sofa zum Kühlschrank, während der Fernseher mit vorgefertigten Abenteuern langsam die Fantasie aus dem Leben saugt. Alle, denen ich erzählt habe wie und wo ich meinen Urlaub verbringen werde, werden lachen. Aber das Lachen wird leiser werden – nie verstummen – Schadenfreude verstummt nicht. Das ist okay, man muss auch über sich selbst lachen können. Also, warum nicht aufhören und heimfahren – aufgeben, mich aufgeben und sein wie alle, sein, wie alle gemacht werden?

Gestern war der berüchtigte dritte Tag. Der Tag des Schweinehunds. Die ersten zwei Tage trottet er noch scheinbar friedlich nebenher. Doch hier schon ernährte er sich von jedem Schmerz, von jeder Enttäuschung, von all den schweren nutzlosen Gedanken. Am dritten Tag dann fühlte er sich stark genug. Sein Knurren weckt mich auch heute schon in der Früh und ich weiß, es wird ein harter Tag. Nicht ich habe ihn an der Leine, er hat mich an der Leine und er zieht mich zurück, immer zurück. Was gibt es denn dahinten? Doch nur das Gestern. Aber heute weiß ich, was mich im Gestern erwartet. Ich weiß, dass das Gestern sicher ist.

So zieht es mich zurück nach Bruchsal, hin zum Bahnhof. Es ist weder ein getroffener Entschluss, als vielmehr ein Instinkt geboren aus der Verzweiflung. Mittlerweile ist auch mein rechter Knöchel dick und schmerzt. Ich bin kreuz und quer durch Australien gewandert und drei Tage in Deutschland machen ein winselndes, sich selbst bemitleidendes Wrack aus mir? Ist es die ständige Präsenz der Annehmlichkeiten unserer Wohlstandsgesellschaft, die mir die Kraft raubt? Warmes Laugengebäck zum Frühstück hebt die Stimmung, von unterirdisch mies auf irdisch mies. Da sitzen und Trübsal blasen, während der Tag beginnt. Das ist erbärmlich.

Hier in Bruchsal stehe ich also am Fahrkartenautomat. Bruchsal bis Heidelberg Kostenpunkt: sieben Euro und zehn Cent. Fahrzeit: 19 Minuten.

Diese Zahlen klingen so verdammt ernüchternd – so verdammt nah. Was tun? Heimfahren, aufgeben und die Schande eingestehen? Weiterlaufen und mich wieder verlaufen? Oder ins Morgen fahren? Nach Pforzheim dauert es doppelt so lange, mit Umstieg im beschaulichen Mühlacker, kostet aber das gleiche. Ich will nachdenken, aber es bellt so laut.

An diesem Automaten entscheidet sich mein Schicksal. Mann oder Memme – ein epischer Kampf. Die Schweinehundbestie gegen den Stolz. Die Bequemlichkeit des Alltags gegen die Mühsal des Ausbruchs. Innen tobt die Schlacht um meine Seele, von außen sehe ich aus wie ein debiler Penner, der nicht weiß, wie man einen Ticketautomaten benutzt.

Die Entscheidung ist gefallen, der Knopf gedrückt, der

Zug bestiegen. Sie werden es anhand der noch verbliebenen Seiten dieses Buches erahnt haben. Es geht weiter, weiter nach Pforzheim. Ich fühle mich fürchterlich, wie ein Betrüger. Selbst wenn ich den Weg zu Ende gehen werde, werde ich ihn nicht komplett gegangen sein. Kurz überlege ich sogar diese Etappe umzudichten, zu einem Heldenepos. Mit amputiertem Bein, auf selbst geschnitzten Krücken im Abendrot nach Pforzheim humpelnd ... Gestürzt, aber nicht gefallen. Das Problem mit einer Lüge ist, dass es mindestens zwei Weiterer bedarf, um die Erste zu stützen.

Der Schweinehund ist niedergerungen, aber auch der Stolz hat heftige Verluste erlitten. Wer kann schon sagen, was richtig ist und was gut? Wer kann schon sagen, ob diese Kategorien außerhalb des menschlichen Gehirns überhaupt existieren? Schluss mit richtig, Schluss mit gut, ab sofort wird positiv gedacht. Jeder weitere Tag auf der Tour ist ein gewonnener Tag. Außerdem habe ich mit dem Schwarzwald noch eine Rechnung offen, die muss beglichen werden.

Der Schwarzwald

Nach Dobel

Vielleicht ist das der Hauptgrund, warum ich weiter wandere. Vor Jahren hatte ich mein erstes Trekkingintermezzo in der Gegend um den Titisee. Ein Freund hat mich dazu überredet. Campen war mir immer zuwider. Kein Bett, keine Dusche, keine Annehmlichkeiten, dafür Dreck, Schweiß und Plackerei. Meine Vorstellung von einer rosigen Zukunft war ein Riesenhaus, ein noch größeres Auto und jede Menge Geld. Kleine Yuppie-Kapitalisten-Bazille.

Dann er, Tommy, mit seinem Gerede von der Welt und der Freiheit draußen. War da doch mehr im Leben als Besitz? Alles klar, probieren wir es aus. Eine Woche wollten wir bleiben, den Titisee und den Schluchsee umwandern. Keine Ahnung von nix, aber ahnungslos glücklich gingen wir es an. Falsches Equipment, schlechte Verpflegung, stümperhafte Wegplanung, das alles wäre nicht das Problem gewesen, aber Sie war auch noch dabei. Tommys damalige Freundin. Sie wollte unbedingt mit, wogegen nichts einzuwenden war. Letztlich war es sogar eine Auszeichnung für sie. Ach, wäre sie nur so stark gewesen wie ihre Worte. Tränen am ersten Tag, noch mehr Tränen am Zweiten, den Tag-Drei-Fluch erlebte ich auf dieser Tour nicht mehr, da waren wir schon wieder zu Hause.

Und doch war es eine wichtige Erfahrung. Nur zwei Tage, nur ein Abend am Lagerfeuer, nur eine Nacht im Zelt, aber genug um die Yuppie-Kapitalisten-Bazille zu begraben. Einmal die Weite dieser Welt geahnt, die Einfachheit des Lebens gespürt, die Bedeutungslosigkeit von Besitz erkannt, war ich gefangen von diesem unbekannten Da Draußen. Deshalb muss ich weiter, ich will dieses Wiedersehen mit dem Titisee, ich will mich bedanken und ich will diese Scharte auswetzen.

In Pforzheim steige ich aus dem Zug, mit dem Bus geht es zum Kupferhammer, hier wieder auf den Weg. Die Spur ist hier leicht wieder aufzunehmen, denn der E1 verläuft ab sofort auf dem Westweg weiter. Jetzt folge ich einer roten Raute auf weißem Grund. An dieser Stelle ein ganz großes Lob an den Schwarzwaldverein mit seinen fleißigen Helfern. Die Wegmarkierungen sind vorbildlich und machen sogar mir das Verlaufen schwer, falls es doch passiert, wird es meine eigene Schuld sein.

Symbolisch durchschreite ich die Goldene Pforte, das Tor

in den Schwarzwald, der Beginn des Westweges (nicht zu verwechseln mit der Seniorenresidenz Goldene Pforte in Pforzheim, obwohl ich fast versucht war, mich dort einzubuchen). Sofort nach den ersten Schritten bereue ich meinen Anflug von Schwäche. Was hätte ich verpasst! Deutschlands größtes Mittelgebirge ist verschwenderisch. Es hat alles, es gibt alles. Zunächst gibt es Wolkenkissen für die Füße, zumindest fühlt es sich so an. Wunderbare Waldwege, von Tannennadeln gepolstert. Schattige Waldwege, vor der wieder erstarkten Sonne geschützt. Wer hier läuft, fühlt sich privilegiert, nur noch ein leichter Schmerz pocht in meinem Knöchel.

Der noch vom Regen durchweichte Weg klettert und führt ein Stück an der Nagold entlang, durch Sonnenfeld hindurch, hinein und schließlich hinunter ins Enztal. In Birkenfeld erlaubt sich die Streckenführung einen Streich, lässt mich links von der Straße abbiegen, schickt mich am Ufer der Enz entlang, beschreibt dann eine 180-Grad-Kehre und begleitet mich zu der Straße zurück, von der ich gerade abgebogen war. Eine halbe Stunde für gute zwanzig Meter – nicht schlecht.

Auf dem Friedhof klaue ich den Toten das Wasser, nur um zu merken, dass auf dem, an ihn angrenzenden, Wandererparkplatz ein schicker Trinkwasserbrunnen einladend gluckst. Von eben diesem Parkplatz werde ich auf einen Lehrpfad geführt, der zum Gedenken an Orkan Lothar eingerichtet wurde. Lothar zog im Jahre 1999 mit Geschwindigkeiten von über 250 Stundenkilometern über Mittel- und Westeuropa hinweg. Binnen zwei Stunden riss er dreißig Millionen Kubikmeter Holz zu Boden, den Großteil hier, im Nordschwarzwald. Um es zu verdeutlichen: Ein Kubikmeter entspricht tausend Liter Wasser. Das macht also eine Summe von dreihundert Millionen Hektolitern. Zum Vergleich, der gesamteuropäische Bierverbrauch lag im Jahr 2009 bei 359 Millionen Hektoliter – man stelle sich nur mal vor: ganz Europa ein Jahr lang komplett ohne Bier. Zugegeben, der Vergleich hinkt, dennoch veranschaulicht er schön dramatisch die Größenverhältnisse. Mit einem geschätzten Versicherungsschaden von über sechs Milliarden US-Dollar zählt Lothar zu den weltweit teuersten Versicherungsfällen aller Zeiten.

Deutlich langsamer und unauffälliger ziehe ich durch das Land und dabei verursache ich auch deutlich weniger Schaden.

Am Ufer der Enz wurde die Wegführung verändert. Allerdings hielt man es hier, im Gegensatz zum Kraichgau für sinnvoll, dies dem Wanderer mitzuteilen.

Dankbarerweise wurde beschlossen die Route nicht über die Berge, sondern am Ufer entlang zu führen. Die Gegend ist belebt, viele Wanderer und Mountainbiker sind unterwegs. Man grüßt sich, man plaudert, man versteht sich. Heute ist doch noch ein guter Tag geworden, das erklärt meine Milde gegenüber meinen Mitmenschen. Dümmlich grinsend und gelassen wie eine Hindukuh schlurfe ich dem Mittag entgegen.

Siesta in der Enz. Meine Sachen liegen auf einem kleinen Sandstreifen neben dem Fluss, ich stehe mittendrin. Die Füße und besonders die lädierten Knöchel kühlend. Weiter als bis zu den Knien traue ich mich nicht, dafür ist es zu kalt. Zudem macht am gegenüberliegenden Ufer gerade ein Hund Pipi in den Fluss, was eine gewisse Hemmschwelle in mir erzeugt, mich fröhlich in die Fluten zu werfen.

Knackig geht es weiter. Hoch zum Schloss Neuenbürg. Seine Geschichte liest sich wie die eines jeden Schlosses und Schlossbergs. Natürlich waren die Kelten mal wieder die Ersten, dann eine Weile nichts, bevor Pfalzgrafen, Markgrafen und die Grafen von Baden und von Württemberg sich abwechselten. Die meiste Zeit eine Baustelle und irgendwann wusste man nichts mehr damit anzufangen. Also Museum rein, um Touristen zu bespaßen. Spaß macht das alte Schloss tatsächlich.

Alte Gemäuer sind wie alte Bäume etwas Wunderbares. Ich möchte sie sprechen lehren, damit sie erzählen können. Was haben sie nicht alles gesehen. Die große Politik und die großen Intrigen der alten Tage. Edle Schurken und schurkische Edelmänner, wir blicken romantisch verklärt in die Vergangenheit. Damals war auch nichts anders, nichts besser, nichts schlechter. Was ist also dran an dem Vergangenen, das uns so fasziniert, dass es uns nicht loslässt?

Wir versuchen uns im Damals zu finden, sei es in dem unseren oder in dem der Menschheit selbst. Wir träumen uns in ein Gestern von dem wir glauben zu wissen, dass es glücklicher war. War es das? Bitte Mauer, erzähl mir, wie es gestern war, auch ich will mich in diese Welt träumen, will mir vorstellen, dass dort alles besser war, besser als das Heute, besser als diese Welt, diese Gesellschaft, dieses Jetzt, das uns degradiert zu Fließbandeinheitsware mit Konsumzwang und Identitätsproblemen. Sehnsucht ist ein Gift, das langsam wirkt und auch dann noch tötet, wenn die Hoffnung längst gestorben ist.

Wohin ich mich auch träume, ich muss doch wieder in dieser meiner Gegenwart erwachen. Ich erwache im Lustgarten des Schlosses. In meinem Heute, dass seinerseits auch nur eine Flucht vor dem eigentlichen Heute ist. Dieser andere Alltag, an dem eben nicht an allen Tagen alles gleich ist. Da wird mir bewusst, warum ich hier draußen bin, warum ich losgelaufen bin, dass eben jeder Tag ein Geschenk ist und nicht eine Plackerei.

Im Enztal habe ich die Freude an dieser Art Leben wieder gefunden, die mir im Kraichgau abhandengekommen ist, hier oben finde ich auch die Einstellung dazu wieder. Frische Luft bläht die Lungen, da vorne ist der immer unbekannte Horizont und alles in mir will erleben, will entdecken. Aber es ist doch nur Deutschland? Ja, es ist Deutschland, aber erleben und entdecken lässt sich überall, nicht für die Menschheit, aber für den Menschen, für mich.

Die Sanitäranlagen des Schlossmuseums helfen mir dabei, wieder ein Mensch zu werden. Verblüffend, wozu ein Waschbecken, etwas Seife und ein nasser Lappen in der Lage sind. Bis auf die Unterhosen entblößt stehe ich in dieser öffentlichen Toilette und hoffe, dass niemand hereinkommt. Wenn doch? Ach, und wenn schon. Während ich raus komme, strahle ich wie der Tag selbst.

Erst auf dem Weg runter, nach Neuenbürg Stadt, erinnern mich meine Knöchel daran, dass nicht alles rosaroter Ponyhof ist. Schmerz ist Ansichtssache, hat mal jemand gesagt. Es muss weitergehen. Ich will es so. Die paar hundert Höhenmeter, die ich gerade hinabgestiegen bin, darf ich am anderen Ende der Stadt wieder hinaufklettern, dazwischen ein wirklich hübscher Marktplatz, mit schmuckem Fachwerk umstanden. Malerische Schwarzwaldstädtchen, wie dieses, mit ihrer Postkartenidylle werden meinen Weg weiterhin begleiten. Herrlicher Heimatfilmkitsch. Und drum herum viel Natur. Dem Wanderer eröffnet sich eine facettenreiche Landschafts- und Kulturvielfalt.

Über die Schwanner Warte geht es. Abschätzend blicke ich auf die saftig grünen Wiesen, da würde ein Zelt drauf passen, aber, Mann, ist hier ein Verkehr. Es ist ein von der Sonne verwöhnter Sonntagnachmittag, die Fußballsaison hat noch nicht begonnen, wegen der Wirtschaftskrise sind die Leute nicht auf die Malediven geflogen und zu Hause geblieben, jetzt zieht es sie nach draußen. Wie recht sie haben, aber an wild campen ist vorerst nicht zu denken, also weiter.

Friedenslinde, Herzogenwiesen, Buckel hoch, Dreimarkstein. Hier bleibe ich. Der Dreimarkstein ist mit Grillplatz und Hütte üppig ausgestattet. Die Hütte steht einige Meter vom Grillplatz entfernt. Sie ist eine einfache aber robuste Konstruktion in der Form eines umgedrehten V's, nach vorne und nach hinten geöffnet. Drinnen Standardausstattung. Zwei Bänke und ein Tisch. Zeltaufbau habe ich heute gespart.

Der Grillplatz wird von einer türkischen Großfamilie

belagert. Nett eingerichtet haben sie es sich und ordentlich aufgetischt. Der Duft exotischer Speisen dringt in meine Nase ein, umnebelt mein Hirn und erreicht die Neidzentrale, während ich auf meinem Campingkocher lecker Nudeln koche.

Deutsche Familien sind nicht mehr so groß, haben selten einen so ungezwungenen Umgang miteinander, scheint mir. Da ist uns etwas verloren gegangen. Dafür machen wir Karriere, arbeiten 60 bis 70 Stunden die Woche und wissen kaum noch, was Urlaub und Wochenende ist. Wo ist die Zeit geblieben?

Als es dunkel wird, zieht die Feiergesellschaft ab und überlässt mir den Platz und die Nacht. Das Letzte, was ich höre, bevor ich einschlafe, ist Regen, der heftig auf die Hütte prasselt.

Zur Wegscheide

Die Nacht will nicht zu Ende gehen, ich finde keinen Schlaf. Es regnet unaufhörlich und die Tropfen klingen, als würde der Himmel Eisenkügelchen spucken. Draußen ist alles intensiver, die Gerüche, die Empfindungen und ganz besonders die Geräusche. Wenn es dunkel wird, die Welt sich schlafen legt, die Schwärze allen Lärm verschluckt, wirkt jedes Kratzen, jedes Schaben, jedes Trippeln und Trappeln bedrohlich, alarmierend, nah und laut. Der Regen klingt wie eine Armee Zinnsoldaten, die im Stechschritt über meine Hütte marschiert. Ein Kanonenschlag knallt und der Krieg beginnt. Es ist ein überirdischer Krieg, ein Krieg der Wolken.

Mittlerweile sitze ich senkrecht in meinem Schlafsack. Kaum etwas ist so beängstigend wie ein Gewitter, das auf einer Waldlichtung genau über einem steht und alles, was einem scheinbaren Schutz bietet, ist eine kleine hölzerne Hütte. Was mir Mut macht, ist, dass die Hütte schon ein paar gute Jahre ihren Platz behauptet und dabei hoffentlich mehr als einem Gewitter getrotzt hat. Nur will mich der Gedanke so richtig nicht beruhigen. War ein Gewitter jemals so dicht über ihr? Hat Thor jemals einen so gezielten Angriff auf sie gerichtet?

Ablenken ist gut. An Routinetätigkeiten klammern. Merken sie die Ironie des Ganzen. Aus dem Alltag wollte ich ausbrechen, um die Routine zu durchbrechen, jetzt sitze ich hier und klammere mich an sie, um den Alltag herzustellen, mir Sicherheit zu geben. Frühstück machen und so tun, als sei alles normal. Meinen Rucksack packen in dem Versuch, den Weltuntergang zu ignorieren.

Ein Blitz zuckt irgendwo, hinter mir bricht ein Baum zusammen. Alles klar, ich wollte das Außergewöhnliche, hier ist es. Keine Routine kann mich davon befreien. Meine Welt ist gegenwärtig dominiert vom Chaos, einem wütenden Gott und einer drohenden Sintflut. Mag sein, dass ich an dieser Stelle übertreibe, aber wenn einem auf so überzeugende Weise die eigene Vergänglichkeit vorgeführt wird, ist eine Panikattacke durchaus eine angemessene Reaktion.

Wie klein und beengend die Hütte ist, merke ich, als ich zum X-hundertsten-Mal von Ausgang zu Ausgang getrippelt bin. Zahlen sind was Rationales, jetzt müssen die helfen. Ich zähle. Es hilft. Vor allem als ich merke, dass die Zeit zwischen Blitz und Donner länger wird. Langsam verkommen auch die Kanonenschläge zu einer letzten, leisen, gegrummelten Warnung, sich nicht mit den Naturgewalten anzulegen. Die Klammer um mein Herz löst sich zögerlich, lässt mich frei. Hallo Leben, du hast mich wieder.

Leicht tröpfelt es noch, als ich mich aus der Hütte wage. Dobel ist die erste Anlaufstelle, Besorgungen müssen gemacht werden. In vier Tagen habe ich einen kompletten Batteriesatz für meine Digitalkamera verbraucht. Mag daran liegen, dass die Batterien schlecht waren, mag vielleicht aber auch daran liegen, dass ich einfach zu viel fotografiere. Man hat mich schon einen Outdoor-Japaner geschimpft und ich weiß nicht, ob ich mich deshalb geschmeichelt fühlen soll. Wasser auffüllen in einer öffentlichen Toilette und ein bisschen Katzenwäsche steht ebenso auf dem Programm.

Das Fotogeschäft hat keine Fotobatterien, nur Zeitschriften und Lotterielose, so werde ich gezwungen, die Ausbeutung des kleinen Mannes, besonders der eigenen Mitarbeiter, durch Großkonzerne zu unterstützen. Schlecker bedient meine Wünsche.

Dobel hat ein paar nette Einfälle. Ähnlich wie Pforzheim mit der Goldenen Pforte hat auch Dobel eins, es markiert ein Etappenziel. Das Sonnentor. Es ist neblig und nach wie vor regnerisch, das Schicksal hat einen guten Humor. Dann ist da noch der Europaweg, auf dem Parkbänke in den

Farben europäischer Länder gestrichen sind und allerlei Wissenswertes zu ihnen bereithalten. Besonders angetan bin ich vom Gruselweg. Kobolde, Trolle, Elfen und Geister, alles was die Spukgeschichten der Urgroßeltern hergegeben haben, ist liebevoll im Wald versteckt. Infotafeln bieten hochernste Hintergründe zu den Wesen an. Ich ergebe mich der Illusion, bin wieder sechs Jahre alt und nichts ist natürlicher als ein Wald voller Fabelwesen.

Aus dem Fabelwald geht es direkt in die Schwarzwaldklinik. Von einem Höhenweg gibt der Nebel immer wieder den Blick frei, weit ins Tal hinunter. Dort unten drängen sich ausladende Tannenwälder gegen sattes Weideland. Kleine Dörfer schmiegen sich an die Berge. Alles sieht aus, als würde Professor Klaus Brinkmann hier täglich seiner Arbeit nachgehen. Der Reiseführer nennt die Orte Bad Herrenalb und Gaistal, für mich sind sie Klausjürgen-Wussow-Land. Fröhliche achtziger Jahre Erinnerungen.

Erste Fernwandererkollegen begegnen mir. Wer sagt, wir wären alle vom gleichen Schlag, der irrt. Der eine, der ist auch Solowanderer, nur scheint er keinerlei Freude am Wandern zu haben. Verbissen stakst er mit seinen Trekkingstöcken dahin, den Blick fest geradeaus. Ein kleiner Tagesrucksack klassifiziert ihn als Hotelschläfer, damit habe ich kein Problem, aber könnte er nicht ein bisschen mehr

Spaß an der ganzen Sache haben?

Die anderen, das ist eine nette Familie. Beide Elternteile wirken wie erfahrene Trekkinghasen. Ihre Kids sind auf dem besten Weg dorthin. Stolz tragen sie ihre kleinen Rucksäcke (die dennoch größer sind, als die des Solowanderers), Abenteuerlust und Entdeckerfreude strahlen aus ihren Gesichtern. Da kann man nur sagen: Erziehungsauftrag verstanden.

Angekommen im Mittelgebirge kratze ich an den tausend Metern. Fast, aber nur fast erreiche ich sie. Trotz strecken, springen und auf Türme steigen komme ich zunächst nicht über 990 Meter. Große Aussichten bieten sich keine, der Nebel ist zurück. Amüsement gibt es trotzdem. Was man dazu braucht? Einen Turm und eine Gruppe englischer Touristen, die den Turm stürmen, sich wundern, dass man nichts sieht und ihre darauf folgende Entrüstung. Was fällt dem Wetter auch ein, immer einfach so da zu sein und dann auch noch zu machen, was es will.

Bei Kaltenborn geht es ins Moor. Die Hochmoore sind faszinierend. Wildes Deutschland. Eine schmale Planke gewährt mir Einlass, auf ihr geht es durch den Sumpf. Als Mensch ist man nur Gast, bekommt einen kleinen Einblick in die Welt, wie sie sein könnte, wenn wir Menschen etwas genügsamer wären. Regentropfen perlen an den Gräsern herunter, Bäume liegen dort, wo sie umgefallen sind, das Moos erobert das Geländer am Wegesrand für die Natur zurück. Still liegt der See da, seine makellos spiegelnde Oberfläche wird nur von einer Entenfamilie zerkräuselt. Und diese Ruhe, wieder diese Ruhe. Das Plock-Plock meiner Schritte auf der Planke klingt unwirklich, nicht hierher gehörend, automatisch versuche ich leiser zu laufen, will dieser Ruhe nicht ihre Magie rauben, will bleiben und dem Nichts lauschen, will schnell verschwinden, um die Gastfreundschaft nicht über zu strapazieren. Das klingt vielleicht wie sentimentaler Blödsinn, aber so klingt Ehrfurcht oft.

Raus aus dem Moor blicke ich in die Augen eines Riesen, eines Riesen mit Knopfaugen. Seinen kapitalen Vierzehn-Ender hat er majestätisch zum Himmel gestreckt. Ein Maschendrahtzaun trennt uns. Auf dem Zaun ein Schild:

Bitte vom Zaun wegbleiben! Schreckhafte Tiere!

Ich erfülle den Wunsch, auch wenn ich nicht den Eindruck habe, den Hirsch besonders zu erschrecken. Gelangweilt liegt er im Gras, kaut gemächlich auf dem selbigen herum und mustert mich mit ausdruckslosen Augen. Sein Blick sagt: Komm schon mach dein Foto und zieh Leine, blöder Touri. Gut, ich mache mein Foto und zieh Leine.

Heute werde ich mythenmäßig mächtig verwöhnt. Vor Forbach führt der Weg durch ein Musterdörfchen. Mit einer alten Mühle, einem Hexenhäuschen und einem Hexenbrunnen. Kleine Holzfiguren von Gnomen und Wichteln sind an den Hütten drapiert, wäre ich in Bayern gäbe es bestimmt auch einen Wolpertingerstreichelzoo. Ob Wasser aus dem Hexenbrunnen eine gute Idee ist? So idyllisch, wie alles arrangiert ist, gehe ich davon aus, dass es sich bei den Hexen hier um nette Kräuterhexen handelt und deren Wasser wird mich bestimmt starkmachen. Mit dem Aberglauben ist das so eine Sache, wenn man dabei an die richtigen Dinge glaubt, ist einiges möglich. In den Sagen, Mythen und Legenden der jeweiligen Region finde ich ein Stück Heimat wieder, welches mehr und mehr in Vergessenheit gerät. Ist es nicht schade wie unser, immer mehr nach rationalen Gesichtspunkten ausgelegtes Leben, diesen Aberglauben verdrängt? Befand nicht schon Goethe, dass der Aberglaube die Poesie des Lebens sei? Wir müssen ja nicht gleich Hexen verbrennen, aber ein paar Wichtel und Gnome und Geister, mit etwas Ironie betrachtet, schenken dem Alltag bestimmt mehr Farbe.

Jetzt endlich runter nach Forbach. Zwei Kirchen dominieren das Stadtbild. Welche von beiden die katholische ist, erkennt man gleich. Roter Sandstein,

Zwillingstürme, neuromanischer Stil, einfach schick. Im Wettstreit der westlichen Religionen gewinnt die katholische zumindest den Stilvergleich. Schick ist auch die historische Holzbrücke, die über die Murg hinüber führt. Ganz bescheiden verbindet sie die beiden Ufer, dabei ist sie eine wahre Schönheit, ein Meisterwerk der Zimmermannskunst. Forbach gefällt mir, ich würde gerne länger hier bleiben. Kurz überlege ich sogar, mich in das Naturfreundehaus einzumieten, um zumindest über Nacht bleiben zu können. Mal die Sachen ablegen, duschen, ein Bett, dann runter in den Ort, gemütlich irgendwo ein Bier trinken und den Vagabunden für einen Abend hinter mir lassen. Reizvoller Gedanke, aber nicht mit dem Grundgedanken dieser Reise und vor allem nicht mit meinem Reisebudget vereinbar.

Nach dem kurzen Tagtraum vom kleinen Luxus raffe ich mich auf. Auf Wegscheiden heißt mein Tagesziel. Die Wegbeschreibung verspricht für dort eine Hütte. Eines muss man dem Schwarzwald lassen, ihm mangelt es nicht an kleinen, rustikalen und vor allen Dingen frei zugänglichen Wetterschutzhütten. Die Wegscheidenhütte liegt wenige Kilometer außerhalb von Forbach, ist aber nur über einen Anstieg von 450 Höhenmetern zu erreichen. Ich mache mich an die letzte Anstrengung des Tages. Hoffentlich. Wie bereits erwähnt, meine Wegbeschreibung ist nicht mehr topaktuell, bei allen Angaben bleibt immer ein Restzweifel. Existiert die Hütte überhaupt noch? In welchem Zustand ist sie? Ist es vielleicht doch eine dieser unzugänglichen Privathütten?

Manch ein Zweifel ist umsonst gezweifelt worden. Die Hütte ist schlichtweg der Hammer. Schon der Vorplatz mit Feuerstelle und Picknickbänken ist höchst brauchbar. Dann die Hütte selbst, klein, kompakt, aber zweistöckig. Unten Wohnstube, oben Schlafkämmerchen. Angenehm holziger Geruch schafft sofort Wohlfühlatmosphäre. Verwundert stelle ich fest, dass weder Graffiti, noch Holzschnitzereien die Wände verschandeln. Zeugt das von Respekt oder davon, dass niemand die Hütte besucht?

Mir kann es egal sein. Unten im Tal habe ich vom kleinen Luxus geträumt, hier oben habe ich ihn gefunden.

Zuflucht ist zu

Die Situation ist verzwickt. Einerseits würde ich mir gerne in meiner kleinen Waldvilla einen Ruhetag gönnen, andererseits spüre ich diese Unruhe in mir, die mich auf Wanderungen stets befällt. Weiter, weiter, immer weiter. Da stehe ich nun und bin hin und her gerissen. Ruhe, Füße hoch und ausspannen. Ich könnte nach Forbach runter steigen, mir Fleisch besorgen und grillen. Ein voller Tag Seelenpflege. Nur, die Füße signalisieren mir, sie wollen nicht hochgelegt werden, sie wollen Strecke machen. Also gehe ich weiter. So gut kenne ich mich, wenn ich geblieben wäre, hätte der Selbstzerfleischungsprozess noch vor dem Mittag eingesetzt.

Es ist gefährlich zu lange ohne Bewegung am gleichen Ort mit sich alleine zu sein, wenn die eigene Mitte noch nicht gefunden ist. Zuviel Zeit zum Nachdenken, schlimmer noch, zum Zerdenken. Der Zweifel wartet auf diese Situation und er ist bekanntermaßen ein unersättliches Nagetier. Er knabbert und scharrt, nagt und zerrt am mühsam wachsenden Ich. Noch ist das Ich nicht stark genug seinem Wirken standzuhalten. Auch ist es noch nicht stark genug für die direkte Konfrontation mit sich selbst. Es braucht keinen Spiegel um sich selbst zu betrachten, nur den Blick nach innen und dort ist noch Chaos. Auf einer lebendigen Baustelle ist immer Chaos und wenig deutet auf das Gebilde Ich hin, was hier entstehen wird. Wenn die Baustelle jetzt stillhält, wird dieses Gebilde nie fertig oder um den ersten Vergleich noch einmal zu bemühen, wenn das Nagetier nicht auszieht, um Beute zu machen, zerfleischt es sich am Ende selbst – deshalb muss ich weiter.

Das Wetter bleibt bescheiden. Die Nacht hindurch hat es geregnet, als ich loslaufe, nieselt es noch leicht, aber die Luft ist frisch und die Spritzer von oben erfrischend. Trotz der Strapazen fühle ich mich ausgeruht und kraftvoll. Meine geschundenen Knöchel stören mich kaum noch, nur gelegentlich, speziell beim Bergabgehen, sticht die Nadel hin und wieder unangenehm durch das Gelenk.

Der Regen hat seine Spuren hinterlassen. Hinauf zum Herrenwieser See hat sich der Weg in einen kleinen Bach verwandelt und plätschert mir fröhlich um die Füße. Der See ist Naturschutzgebiet und unzugänglich. Es bleibt beim Gucken, ich bleibe dreckig. Wandern ist nun mal keine sterile Angelegenheit, gewaschen wird, wenn es die Situation erlaubt.

Am Seekopf habe ich mit 1001 Metern endlich die

magische Höhengrenze überschritten. Klar, tausend Meter ist nicht gerade Hochgebirge und klingt nicht annähernd so spektakulär wie dreitausend und mehr Meter, ist aber immerhin vierstellig und bietet wunderschöne Ausblicke. Und seitdem unser Wanderpapst, Manuel Andrack, das Mittelgebirge wieder salonfähig gemacht hat, braucht man sich nicht mehr schämen, auf tausend Meter stolz zu sein. Vom Seekopf blicke ich auf den Herrenwieser See und die Schwarzenbachtalsperre hinab.

Hinab und hinauf, wieder hinab und wieder hinauf. Über tausend, unter tausend, so verläuft der Weg. Insgesamt fünf Eintausender „erklimme" ich heute.

Die Badener Höhe ist der nächste. Schutzhütte und Aussichtsturm scheint die Grundausstattung eins jeden Schwarzwaldgipfels zu sein. Ich möchte hoch und darf es nicht. Geschlossen, gefährlich, weil zu alt und kein Geld für die Renovierung vorhanden ist. Damit verwehrt sich mir die letzte Chance, für heute eine schöne Aussicht zu genießen, denn Nebel zieht auf und zieht einen grauen Vorhang um das Land. Nur einmal bricht der Vorhang auf, als ein Wolkenbruch mich vom Weg spülen will. Bis auf die Knochen durchgeweicht, rette ich mich unter das Vordach einer Skihütte, die ist geschlossen. Warum auch eine Skihütte außerhalb der Saison öffnen, sind ja nur ein paar armselige Wanderer unterwegs. Gegenüber das Hotel Hundseck, ein imposanter Bau, aber auch geschlossen. Will denn keiner mit uns Wanderern Geld verdienen? Gut, ich bin nicht gerade der Big-Spender, allerdings bin ich auch nicht der Maßstab. Wie viele Tageswanderer zu dieser Jahreszeit unterwegs sind, die eindeutig um ihr Geld erleichtert werden müssten. Einige von ihnen scheinen sich für eine Nilpferdsafari vorbereitet zu haben, Wettrüsten innerhalb des Wanderclubs. Sie ziehen den Duft der Zivilisation hinter sich her, es riecht nach Seife und Parfüm. Ihr Chemie-Deo gegen mein Natur-Deo, fast komme ich mir schäbig vor. Doch während sie, mit Taschen voll Geld, verzweifelt vor geschlossenen Gaststätten stehen, weiß ich mir zu helfen. Selbst ist der Mann. Rucksack auf, alles ausräumen, der Campingkocher liegt natürlich ganz unten und schon ist die Kaffeeküche bereit.

Koffeingedopt und energetisch mit Energieriegeln aufgefüllt, traue ich mir zu, es mit dem Regen wieder aufzunehmen. Wo sonst Sessellifte die Arbeit übernehmen, schleppe ich mich mit Körperkraft nach oben. Durch ein Skigebiet gelange ich erneut ins Hochmoor. Edgar-Wallace-Nebel zieht sich immer enger um mich. Geisterhafte Nebelschwaden, Kobold-Schatten, eine Welt in Grau, aller Farben beraubt. Die Atmosphäre ist bedrückend. Platzangst in der freien Natur. So muss sich lebendig begraben anfühlen. Begraben unter einem Berg von Watte. Alle Geräusche sind gedämpft, man erwartet ein Wolfsgeheul oder den markerschütternden Schrei einer Jungfrau, der die Stille zerreißt, auf so was hat uns das Kino programmiert. Es bleibt still und das ist fast noch erschreckender. Läuft jemand vor mir oder schleicht sich von hinten an? Man merkt es nicht, dafür merkt man die physische Präsenz des Nebels, wie er in dich eindringt und sich um dein Herz legt. Es ist ein Gefühl der Bedrückung, als ob sämtliche Freude aus dem Leben verschwunden ist. Und trotzdem liegt eine melancholische Schönheit in ihm.

Dinge verändern sich, abhängig davon, aus welchem Blickwinkel wir sie betrachten. Die Natur selbst urteilt nicht nach menschlichen Maßstäben, sie kennt für ihre Zustände keine Wertung, wie gut und schlecht, schön und hässlich, alles ist ganz einfach, wie es ist. Es sind wir Menschen, die diese Zustände bewerten und ein Urteil über sie fällen und je nachdem wie es in uns aussieht, aus welcher emotionalen Stimmung oder anerzogenen Normung wir die Welt betrachten, bewerten wir sie. Nehmen wir den Nebel zum Beispiel, gerade eben beschrieb ich noch seine beklemmende Wirkung auf mich, lege ich nun den Fokus auf seine melancholische Schönheit oder besser auf meine

Wahrnehmung dieser Schönheit, weicht sämtliche Beklemmung von mir. Plötzlich ist es, als würde ich hoch oben in den Wolken wandern, die Watte um mich herum gibt mir Sicherheit und Geborgenheit und ich bin frei, um zu singen und zu tanzen, wenn mir danach ist, denn der Nebel würde diese Peinlichkeit für sich behalten. Die Welt, besonders unsere unmittelbare Umwelt, wird zu einem guten Teil davon beeinflusst, wie wir sie sehen und wie wir uns entscheiden in ihr zu leben – meckernd und miesepeterig oder frei und fröhlich.

An schemenhaften Schatten vorbei merke ich gar nicht, dass ich ein militärisches Sperrgebiet passiere. Ein Hubschrauber? Nein, die Rotoren eines Windparks. Ein riesiges Etwas gibt sich als Sendeturm des Südwestfunks zu erkennen und schon bin ich auf der Hornisgrinde, dem höchsten Berg des Nordschwarzwalds. Den Aussichtsturm bemerke ich erst, als ich schon fast dagegen gelaufen bin. Es gibt tatsächlich wieder Menschen, die hinauf klettern. Was erwarten sie, zu sehen? Noch mehr Nebel?

Abstieg zum Mummelsee. Erneut einer dieser Punkte auf der Karte, die man sieht und denkt, nett, vielleicht bietet sich die Chance dort zu campen, und sich darauf freut. Ich sollte mich mehr mit der Gegenwart, als mit der Vergangenheit auseinandersetzen. Mir war der See aus dem

Gedicht von Eduard Mörike bekannt. Die Geister vom Mummelsee. Hier ein Auszug:

Das, was du da siehest, ist Totengeleit,
und was du da hörest, sind Klagen.
Dem König, dem Zauberer, gilt es zu Leid,
sie bringen ihn wieder getragen. –
O weh!
So sind es die Geister vom See!
Sie schweben herunter ins Mummelseetal -
sie haben den See schon betreten -
sie rühren und netzen den Fuß nicht einmal -
sie schwirren in leisen Gebeten –
O schau,
am Sarge die glänzende Frau!

Viele Sagen um den See entstanden als er, noch nicht durch die Schwarzwaldhochstraße den Massen geöffnet, in tiefer Bergeinsamkeit lag. So war es gestern. Heute wird der Mummelsee von den Einheimischen auch gerne Rummelsee genannt. Zu Recht, manche Aspekte der unmittelbaren Umwelt kann man sich einfach nicht schönreden. Ein Reizwort dieser Reise ist definitiv: Schwarzwaldladen. Kuckucksuhren, Schwarzwälder Schinken, Schwarzwälder

Kirschwasser und natürlich die Schwarzwälder Kirschtorte oder wie wäre es mit Trachtenpuppen, ja sogar Tannenzapfen verkaufen sie dort. Die Währungen sind folgerichtig gleich in Euro, Pfund, Dollar, Franken und Yen angegeben, womit alles gesagt wäre.

In Schlangenlinien kämpfe ich mich durch die Reihen der Reisebusse und sehe vor lauter Menschen fast die Wegmarkierung nicht. Nur weg von hier. Fast renne ich. Die Geister vom Mummelsee? Vom Tourismus ausgetrieben.

Meine Hoffnung richtet sich auf die Darmstädter Hütte als mögliches Etappenziel. Allmählich wird es spät. Die Nachmittagssonne kämpft sich zurück aus ihrem grauen Grab und die Welt wird zu einer bunten Spielwiese, voller Farben, voller Leben. In den Bannwäldern, Naturwaldreservaten, in denen die Natur sich selbst überlassen ist, darf die Welt sein, wie sie gerne wäre, ungestört. Erneut schleiche ich durch eine, mich nur als Gast empfangende, Welt.

Die Darmstädter Hütte ist eine Herberge im Privatbesitz und damit leider nicht frei zugänglich für einen zerlumpten Wanderer wie mich. Bei näherer Betrachtung merke ich, dass sie für niemanden zugänglich ist. Sie ist selbstverständlich auch geschlossen. Campen ist in dieser Gegend schwierig, überall Naturschutzgebiete mit Bannwäldern und Mooren, da will ich nicht stören. Als letzte Möglichkeit sehe ich die Zuflucht, eine Jugendherberge. In Gedanken habe ich mich bereits von den zwanzig Euro für die Übernachtung verabschiedet und beginne, mich intensiv auf eine Dusche, ein Bett und ein Frühstück zu freuen. So wenig braucht es, um sich selbst zu motivieren, an einem langen Tag noch ein paar weitere Kilometer drauf zu packen. Noch ein Hügel, noch eine Biegung, immer gerade aus, da vorne ist schon die Straße, jetzt sehe ich auch das Gebäude – und das sieht irgendwie zu aus. Ich gehe näher ran. Natürlich ist auch die Jugendherberge geschlossen, man erkennt es gleich, aber ich will es nicht erkennen, also näher ran. Tür: Zu. Fenster: Zu. Blick rein. Drinnen: Alles ausgeräumt. Verdammt.

Außer der, und jetzt bin ich wirklich vom Humor des Schicksals überzeugt, Zu-Flucht, befindet sich ein weiteres Gebäude an der Straße. Klopfen schadet nicht. Bevor der Haushund mich komplett gefressen hat, öffnet der Hausherr, füllt bereitwillig meinen Wassersack auf und beschreibt mir den Weg zu einer Wiese, die kein Naturschutzgebiet ist.

Als Skigebiet ist der Hang aufgegeben, Teile des Sessellifts halten noch die Stellung, glücklicherweise befindet sich dort tatsächlich eine saftig-grüne, frisch gemähte Traumwiese, die meines Zeltes würdig ist. Ich blicke auf den Sonnenuntergang im Gefühl eines stolzen Tages. Vierzig Kilometer und einige Höhenmeter. Die Beine funktionieren, der Kopf freut sich auf neue Herausforderungen. Das Comeback der Siebenmeilenstiefel.

Plötzlich steht jemand neben mir auf der Wiese. Er hat ein GPS in der Hand, ich einen Topf Nudeln. Blöde gucken wir uns an. Geocaching ist seine Ausrede. Hunger die meine. Was ist Geocaching? Eine Art GPS-Schnitzeljagd, erklärt er mir. Es ist wie eine elektronische Schatzsuche, die Verstecke werden mittels geographischer Koordinaten im Internet veröffentlicht und werden anschließend mit einem GPS-Empfänger gesucht.

Aha, jetzt braucht es schon einen Computer, damit die Menschen merken, dass da draußen Natur ist. Na ja, solange sie es merken, soll es mir recht sein.

Zur Spitzberghütte

Wie tief ich in den Schwarzwald vorgedrungen bin, merke ich an den glücklichen, wohlgenährten Kühen und daran, dass sie Glocken tragen. Ich weiß nicht, woher diese Assoziation zwischen Schwarzwald und Glocken tragenden Kühen rührt, ich weiß nur, dass sie meiner frühesten Kindheit entstammt – haben sie schon einmal versucht zu ergründen, woher die Gedanken eines Kindes stammen? Also dicke Kühe mit Glocken. Sie sind schon von Weitem zu hören. Ja, wir reden immer noch über Tiere, nicht über Menschen. Noch etwas fällt mir an ihnen auf. Sie dürfen ihre Hörner behalten, finde ich nett.

Wieder Nebel. Allmählich fange ich an, mich zu fragen, wie viel ich vom Schwarzwald zu sehen bekomme. Jedes Mal wenn ich einen Aussichtspunkt erreiche, ist keine Aussicht da. Zurück im Wald verschwindet der Nebel. Kein Blick schafft es durch die Schwarztannen, die den Schwarzwald schwarz machen, irgendwo muss der Name ja herkommen. Es soll mich nicht stören. Allein der Geruch nach Fichtennadeln ist betörend, ein wenig wie diese Duftgels für die Toilette, nur, und wer hätte das erwartet, natürlicher.

Tannenzapfen gibt es auch en masse, alle umsonst. Vielleicht sollte ich sie sammeln und an der Schwarzwaldhochstraße einen Straßenladen aufmachen. Da hüpft ein Eichhörnchen über den Weg und den Baum hoch. Klar sind die kleinen Nager keine Exoten, aber putzig, sie können ein Lächeln in einen trüben Morgen zaubern. Das ist die Magie des Wanderns: Eine kleine Sekunde füllt sich mit einem kleinen Wunder und schon ändert sich die Welt oder besser, die Sicht auf die Welt. Ein Eichhörnchen am Morgen vertreibt Kummer und Sorgen, so heißt doch die alte Bauernregel.

Wo soll es denn heute hingehen? Ein kurzer Blick in die Wegbeschreibung. Irgendwo um Hausach rum klingt gut, dort wird sich schon was finden. Wandern macht optimistisch.

Noch kann sich das Wetter nicht auf eine Grundausrichtung einigen. Mal Sonne, mal Nieselregen, mal Nebel. Auf einem Höhenweg endlich wieder Blicke ins Tal. Nebelfetzen hängen zwischen den Bäumen und schaffen eine Landschaft in der Landschaft. An nahezu jeder Kreuzung steht jetzt eine Schutzhütte und jeder Hügel hat einen Brunnen. Das macht mich misstrauisch, wenn ich nachher eines von beiden suche, wird keines von beiden zu finden sein. Wandern macht auch pessimistisch.

Bis zur Kreuzsattelhütte hat die Sonne den Kampf um die Tagstunden gewonnen, der Regen darf am Abend und in der Nacht herrschen, wenn ihm danach ist, während der Nebel den Morgen für sich beansprucht. Dieser atmosphärische Friedensvertrag wird für den Rest der Reise Bestand haben.

Die Kreuzsattelhütte ist eine, vom Schwarzwaldverein bewirtete Hütte und selbstverständlich geschlossen. Es gibt diese Orte, an denen man aus dem Wald heraus kommt und denkt: Wirklich nett ... und dann sieht man die Teerstraße und den Parkplatz und die Menge der Tagesausflügler, die den Wald mit Lärm überziehen. Die Kreuzsattelhütte ist so ein Ort. Mich soll es nicht stören. Ich sichere mir eine Picknickbank, ziehe die Stiefel aus und lasse mich von der Sonne trocken brutzeln. Die Leute ignorierend schlendere ich zum Brunnen, ziehe mein Hemd aus, zaubere den Waschlappen hervor und mache erstmal Schickimicki. Den Leuten bin ich ohnehin ein Dorn im Auge, ob ich dort sitze und stinke oder hier stehe und mich wasche, somit besitze ich eine gewisse Narrenfreiheit, die mir erlaubt das zu tun, wobei ich mich wohlfühle. Wen interessieren schon die Monde, die um den Planeten ICH kreisen? Wandern macht auch egoistisch.

Beim Wandern entwickelt jeder seinen eigenen

Rhythmus. Was macht diesen Rhythmus aus? Gedanken und Schritte. Schrittlänge und -geschwindigkeit variieren im Takt der Gedanken. Was für Gedanken? Manchmal nur ein einziger, wie ein Mantra wiederholt er sich im Kopf. Gebetsmühlenartig leiert man ihn runter. Selten sind das große Weisheiten, eher sind es stupide, kleine Profanitäten. So was wie: Ich muss den Berg hoch. Ich muss den Berg hoch. Geistiger Dünnpfiff statt Erleuchtung durch Bewegung. Wenn das die einzigen Gedanken beim Wandern wären, müsste ich mich danach erstmal einweisen lassen. Meistens fahre ich Kopfkino. Szenen aus der Vergangenheit und Tagträume von der Zukunft. Immer wieder gestern, immer wieder morgen, als ob es kein Heute gäbe. Ich renne in die Zukunft, um dort die Augenblicke zu finden, habe ich sie aufgespürt, sind sie schon Vergangenheit. Ich versuche, sie zu sammeln und nenne es Erinnerung. Vergangenheit und Zukunft sind die Backen des Schraubstocks, die den Augenblick zwischen sich einquetschen, man muss aufpassen, dass sie ihn nicht zerquetschen. Wandern macht auch nachdenklich.

Dann erwacht man aus seinen Gedanken. Wo bin ich eigentlich? Bin ich hier hergelaufen? Wann? Nur das Unterbewusstsein hat einen gesteuert, ohne Gefühl für Zeit und Raum hat man sich in einer unbekannten Gegend fortbewegt und ist doch da, wo man hin wollte. War das nun ein Gewinn oder ein Verlust? Habe ich neue Erkenntnisse über mich und die Welt erlangt? Oder war ich in alten Erinnerungen gefangen, die schmerzen und doch nichts nutzen? Hat man vielleicht sogar beim Grübeln über den Augenblick, die Augenblicke verpasst?

Zurück in die Wirklichkeit. Mein Wasser ist leer. Sollte ich vor Hausach einen Schlafplatz finden, muss ich, wenn nirgends ein Brunnen oder eine Quelle zu finden ist, auf das Abendessen und den Frühstückskaffee verzichten. Eine Vorstellung, die mir nicht gefällt. Fast so wenig wie die Vorstellung den berüchtigten Donnerbalken zu bemühen. Das mag ich am Rucksackreisen, die Probleme sind einfach, aber existenziell. Was ich noch mehr mag? Die Lösung findet sich meist von ganz alleine. Zwar hat auch die gerade erreichte Hütte vom Schwarzwaldverein geschlossen, aber irgendetwas muss hier doch zu gewinnen sein. Halleluja. Etwas abseits der Hütte im Wald, nein, es ist keine Fata Morgana, es ist ein schmuckes Außenklo, so ein kitschiges mit Herzchen in der Tür. Etwas weiter. Halleluja die Zweite. Eine Quelle mit Brunnen. Zwei einfache Probleme bedürfen zweier einfacher Lösungen. Wandern macht auch genügsam.

Auf der einen Seite erleichtert, auf der andern beschwert beginnt das alte Spiel. Schlafquartier suchen. Kurz bin ich versucht, im Vorhof der Schwarzwaldvereinshütte Stellung zu beziehen. Unter Berücksichtigung der Tageszeit gebe ich dem Schicksal eine weitere Chance und marschiere weiter durch den schwarzen Wald.

Zum Abstieg gerate ich auf einen Kreuzweg. Das Kreuz mit den Kreuzwegen ist, dass sie immer den steilsten Zugang zu einem Berg wählen. Gibt es auch eine Alternative für Atheisten? Mein ganz persönliches Problem mit diesem Kreuzweg ist nicht der harte Anstieg, als vielmehr der harte Abstieg. Ich bin nicht mehr der Jüngste und muss auch mal an meine Knie denken. Ich höre die Menisken jaulen unter der Kombination aus Körpergewicht, Rucksack und Schwerkraft. Unten angekommen zittern meine Beine, man mag es kaum glauben, aber hinabsteigen kann unglaublich anstrengend sein. Wieder einmal sage ich mir, dass es Zeit wird für einen Satz Trekkingstöcke, und weiß doch, bis zur nächsten Tour ist der Gedanke vergessen.

Eine alte Regel lautet: Wo du runtersteigst, da steigst du auch wieder rauf. Kurz vor Hausach erwartet mich der Spitzberg – und – da oben gibt es eine Hütte. Wie die wohl sein mag?

Die Spitzberghütte ist erneut ein Volltreffer. Ebenso klein und kompakt wie die Hütte an der Wegscheiden, aber nur einstöckig. Da Wandern auch noch anspruchslos macht, gebe ich mich damit voll und ganz zufrieden. Eine weitere Gemeinsamkeit ist der wohlige Geruch nach Holz. Was ihr einmalig ist, ist ihre Lage. Der Spitzberg hat seinen Namen nicht umsonst und die Hütte steht genau oben drauf, mit exklusiven Blicken in das Kinzigtal und die Städte Hausach und Wolfach. Wohnzimmer und Küche habe ich nach draußen, auf die sonnenverwöhnte Bergkuppe, verlagert. Da steht eine Bank neben einem riesigen Kreuz und alles ist von üppigen Brombeerhecken umrankt.

Wieder werde ich beim Essen gestört. Der Spitzberg ist ein beliebtes Ausflugsziel für die Einheimischen. In regelmäßigen Abständen taucht jemand auf, nähert sich vorsichtig und stellt dann die üblichen Fragen, wenn er merkt, dass ich nicht beiße. Es sind allesamt ehrlich interessierte Leute und alle wissen einen Tipp oder eine Geschichte für und aus der Gegend. Und das Beste: Allen ist es egal, dass ich vorhabe, hier zu pennen.

Alle ist gelogen. Zwei hat es gestört. Sie kamen mit überdimensionierten Rucksäcken herauf gekeucht, eben auch in der Absicht in der Hütte zu nächtigen. Selbstredend biete ich an die Hütte zu teilen, schließlich macht Wandern ja auch großzügig, von der Idee wenig angetan und leicht angesäuert ziehen sie von dannen. So großzügig, die Hütte ganz für sie zu räumen, macht Wandern dann doch nicht.

Auf die Weißenbacher Höhe

Am Morgen liegt Nebel im Tal. Hausach und Wolfach sind kaum zu sehen. Die Sonne müht sich durch eine Wolkenbank und gießt silbernes Licht über das Land.

Durch ein Gewerbegebiet nähere ich mich Hausach. Nach einer guten Woche betrete ich erstmals wieder ein richtiges Gebäude. Einen Supermarkt. Für manche Dinge brauche ich weiterhin die Zivilisation. Der Aldi als Sensation. Alles, was man braucht und noch vieles mehr. So viel Essen, ich weiß gar nicht mehr, was ich brauche. Es gibt das Schlaraffenland und es ist käuflich. In einer Woche kann man schon mal vergessen, in was für einer Überflussgesellschaft man lebt. Nachdem ich eine Weile ungläubig staunend die Regale abgelaufen habe, fällt es mir wieder ein. Zwei Verhältnisse sind entscheidend: Preis pro Kalorie und Kalorien pro Gramm. Einfacher ausgedrückt: Billig, leicht und energiereich.

Hausach ist erwartungsgemäß schön. Erwartungsgemäß? Der Schwarzwald verwöhnt. Landschaftlich und kulturell. Selbst kleine Ortschaften sind ausnahmslos hübsch, zumindest die, die ich gesehen habe. Das Problem sind die steigenden Erwartungen. Man stumpft ab, ist nicht mehr so leicht zu bezaubern. Hausach schafft es. Hausach bezaubert. Es hat die richtige Mischung. Fluss, Berge, historisches Stadtbild und eine Ruine.

Mir ist nach Pfeifen, also pfeife ich. Nicht schön, aber leidenschaftlich. Der Planet ICH auf seiner Umlaufbahn durch Hausachs

Straßen. Vorbei am Brunnen, den Spättle und Hansele zieren, Hauptfiguren aus Hausachs lebendigem Teil der schwäbisch-alemannischen Fastnacht. Narren sind wir alle, ob wir eine Maske tragen oder nicht. Wer es akzeptiert ist narrenfrei.

Von der Wegbeschreibung werde ich vor dem Farrenkopf gewarnt. Sehr steiler, mühevoller Aufstieg zum Gipfel steht da. Lieber mache ich vorher eine kleine Pause an der Burgruine Husen.

Zum Farrenkopf. Zwei habe ich schon überholt, da vorne ist noch eine Gruppe. An steilen Aufstiegen ziehe ich mich oft daran hoch, andere zu überholen, mache ein Wettrennen daraus. Das ist armselig, aber es hilft. Die Gruppe vor mir sind drei ältere, fachmännisch ausgerüstete Herren. Unten vom Weg aus sehe ich, wie sie auf dem Bergpfad ihre Karte studieren. Die kriege ich. Anziehen und durchhalten. Hoch und vorbei. Kurz vor dem Gipfel habe ich sie überholt. Der

Anstieg war hart, aber bei Weitem keine 550 Meter wie meine Wegbeschreibung gesagt hat. Etwas stimmt nicht. Der Gipfel ist bewaldet, die erwähnte Haseman Hütte nicht zu sehen. Das ist niemals der Farrenkopf!

„Nach meinem Dafürhalten ist das der Farrenkopf", höre ich den Anführer der Gruppe hinter mir schnaufen.

„550 Meter Anstieg waren das aber nicht und eine Hütte ist auch keine da", merke ich an.

„Nach meinem Dafürhalten waren das locker 550 Meter, und die Hütte ist bestimmt abgebrannt."

Der Weg, von dem ich vorhin auf den Pfad gewechselt bin, zog links an dem Berg vorbei, wie ich mich kenne, habe ich genau dort eine Markierung übersehen. Wenn ich linksherum absteige, müsste ich genau auf diesen Weg treffen.

„Ich gehe nach links."

„Nach meinem Dafürhalten müssen wir rechts runter ", sagt er über die Karte gebeugt.

Sie gehen nach rechts, ich nach links. Kurze Zeit später bin ich zurück auf dem Weg. Nach meinem Dafürhalten ist die Welt voller Trottel. Ich bin peinlich; sie an Peinlichkeit nicht zu überbieten.

Am richtigen Farrenkopf muss ich bluten für meine kleine Extratour. Den falschen Berg noch in den Knochen wird es ein schwerer Kampf. Niemand ist da, an dem ich mich hochziehen könnte. Keine fruchtbaren Gedanken, nur furchtbare Leere. Im Kopf und in den Beinen. Zurück gibt es nicht, durchhalten ist gefragt, auch wenn es wehtut. Auf einer Wanderung erlebt man ein großes Spektrum echter Gefühle. Gerade ist es Schmerz und Erschöpfung an anderer Stelle Freude und grenzenlose Kraft. Manchmal eine Achterbahn mit Hochs und Tiefs und Überschlägen, manchmal ein Kaleidoskop des Alltags.

„Jeder Gedanke ist eine Übertreibung, auch dieser", schrieb Charles Tschopp und, hopp, habe ich was gefunden, um mich diesen Berg hochzuziehen.

So sehen 550 Meter Aufstieg aus und dort ist auch die Haseman Hütte, sie ist ein Schloss. Riesengroß, mit Gesellschaftsspielen und Töpfen darin. Hier kann man es aushalten. Einen kurzen Gedanken daran hier einzukehren ist erlaubt, aber nein, noch ist es viel zu früh am Tag. Nachdem die Sonne mich und mein schweißnasses Hemd getrocknet hat, geht es weiter.

Wenn man heute durch diese Gegend läuft, fällt es schwer zu glauben, dass hier einst Truppen verschanzt lagen. Es war das 17. Jahrhundert und der Dreißigjährige Krieg zerrüttete Europa. Glaube und Macht als Auslöser. Kriegstreiber sind unkreativ, immer geht es um den Glauben und Macht. Zwei bis vier Millionen Tote, damals hat das noch keiner so genau gezählt. Aus verbrannter Erde erwächst geistige Blüte. Mit dem Schelmenroman Der abenteuerliche Simplicissimus entsteht der erste bedeutende Roman der deutschen Literatur. Schiller wird die Thematik des Krieges im Wallenstein aufnehmen. Vanitas und Memento Mori treffen auf Carpe Diem und entzünden den Wunsch sich auszudrücken. Tod vermischt mit Lebensgier als Grundlage für Lyrik und Poesie.

Nach einigen längeren Tagen hätte ich nichts dagegen heute früher Schluss zu machen, nur, ich finde keinen Platz. Wo andernorts Hütten im Überfluss stehen, finde ich jetzt nicht mal eine Wiese für mein Zelt. Alles zugewachsen oder zu gebaut. Wie es aussieht, muss ich hoch zur Wilhelmshöhe, auf der Karte sieht es aus, als wäre dort eine Hütte.

An einem Bauernhof fülle ich Wasser auf und beobachte minutenlang ein Schwein beim Grasen. Daran merke ich, wie müde ich bin, an der Begeisterung für das Profane. Die Sau ist gewaltig. Ich möchte ein Profilfoto von ihr und bekomme es nicht, sie schafft es, eine Viertelstunde lang ihren Kopf im Gras zu versenken: Fressen, bevor ich gefressen werde. Ist es das, was sie denkt oder denkt sie gar nicht, frisst sie einfach nur. Instinktfressen.

Ich knipse jeden See, weil ich denke, es müsse der Blindensee sein. Was liegt mir am Blindensee? Nichts, außer der Hoffnung bald auf der Weißenbacher Höhe zu sein. Nach drei falschen Blindenseen endlich der richtige. Es gibt Tage, an denen man ankommen möchte, mehr nicht. Der Sinn für Schönheit verblasst und die feinen Fühler zum Aufspüren des Glücks sind abgestumpft. Tunnelblick zum Tagesziel. Das Tagesziel heißt, einen Platz zum Übernachten finden.

Neben dem Weg ist eine Wiese, die tut es notfalls. Zuerst will ich mir aber die Hütte anschauen, die mir die Karte zeigt. Die Hütte ist eine Bushaltestelle. Dafür gibt es einen Campingplatz, der ist von einer lärmenden Jugendgruppe belegt. Also zurück zur Wiese. Andere Alternativen gibt es nicht. Das flachste Stück ist direkt neben dem Weg und der ist gut frequentiert. Aussitzen. Wenn es dunkel wird, kann ich unauffällig mein Zelt hochbasteln. Bis dahin Fußgänger und ihre blöden Sprüche.

„Tut mir leid, wir geben nichts." oder

„Geh in ne Fußgängerzone, da verdienste mehr." sind die Klassiker. Ein kalter Hauch liegt im Wind. Eingewickelt in Pulli, Jacke, Mütze und Schal habe ich die Transformation zum Penner abgeschlossen. So wie ich aussehe, kann ich den Leuten ihre blöden Sprüche nicht einmal übel nehmen.

Warum regnet es immer in den Nächten, in denen ich im Zelt penne? Frage ich mich und höre den Regentropfen beim Tröpfeln zu.

Auf die Doldenbühler Höhe

Im Zelt ist alles trocken, draußen alles nass. Folglich bin ich nicht erpicht darauf, raus zu klettern. Noch weniger erpicht bin ich darauf, mir das Gedöns vom Besitzer des Grundstücks anzuhören.

„Wissen sie eigentlich wem das Land ..."

„Sie können doch nicht einfach ..."

„Sie wissen schon, dass in Deutschland ..."

Ja, ich weiß, deshalb quäle ich mich vor die Haustür. Zeltplane trocknen, Zeug zusammenpacken und abhauen.

Nebel liegt im Tal. Wunderbar. Sonne macht schönes Licht. Auch toll. Tau glitzert auf den Blättern. Na Super. Ohne Kaffee bin ich ungenießbar. Selbst wenn jetzt ein Eichhörnchen in Schwarzwälder Bauerntracht aus dem Wald gesprungen käme, um mir ein Sonett vorzutragen, ich würde es aus dem Weg treten. Ich brauche Kaffee. Es war ein Fehler mir am Morgen keinen zu machen, auch wenn alles nass und unbequem war.

Wo ist das nächste Gasthaus. Ich will Geld ausgeben. Einen Riesen-Pott Kaffee habe ich im Kopf, der soll es sein, den brauche ich jetzt. Oben auf dem Brend habe ich zwei

Möglichkeiten. Ein Naturfreundehaus und eine Gaststätte. Das Naturfreundehaus kommt zu erst. Wie ein Ertrinkender zum Wasserhahn renne ich zur Tür. Verschlossen. Haben die noch Nachtruhe? Ich schleiche einmal um das Haus. Es sieht aus, als hätten die Komplettruhe. Weiter zur Gaststätte. Aus der Ferne sehe ich schon die Bagger und Lastwagen.

Mir schwant nichts Gutes. Was soll ich sagen? Verschlossen! Wegen Renovierungsarbeiten. Ist denn jetzt keine Hochsaison? Es ist Mitte August, hier kommt ein Wanderer, und jedes Mal, wenn er bereit ist, Geld auszugeben, ist geschlossen.

Mir reicht es. Oben auf dem Aussichtsturm, der wenigsten geöffnet hat, krame ich meinen Kocher aus dem Rucksack. Mein ausgeklügeltes Packsystem, zur optimalen Lastenverteilung, sieht vor, dass der Kocher irgendwo ganz unten landet. Egal, alles ausräumen. Da ist er. Wie ein Junkie vor dem nächsten Schuss zittern meine Hände. Endlich kocht das Wasser. Rein mit dem ekelhaften Löslichen-Bohnenkaffee-Zeugs und ich habe meinen Riesen Pott. Nicht ganz was ich mir erhofft hatte, aber zur Not ...

Langsam läuft der Motor an. Der Tag beginnt. Wenn schon das Kaffeepulver an sich nicht der pure Luxus war, so war es wenigstens das Wasser, mit dem ich ihn zubereitet habe. Frisch entnommen aus der Elzquelle. Beim Aufstieg auf den Brend kam ich an ihr vorbei. Sie liegt auf der Europäischen Hauptwasserscheide, damit habe ich Wasser getrunken, das einmal Rhein oder Donau, mal Nordsee oder Schwarzes Meer hätte werden können.

An manchen Tagen passiert einfach gar nichts. Da läuft man durch nette, aber unspektakuläre Landschaften, da gibt es keine interessanten Begegnungen mit freundlichen oder idiotischen Menschen und nichts, aber wirklich gar nichts ereignet sich. Man läuft und macht Strecke. Auch so ein Tag hat vierundzwanzig Stunden und möchte rumgebracht werden. Später, wenn ich mir die Wegbeschreibung noch einmal durchlese, lese ich Namen, an die ich keine Erinnerungen knüpfen kann. Staatsberg, Winkel, Neueck, Schweizergrund und Heubacher Höhe, es ist, als wäre ich nie dort gewesen. Es existieren nicht mal Fotos von diesen Orten und das, obwohl ich wirklich alles knipse.

Mit der Zeit ist es so ein Ding, sie vergeht während der falschen Augenblicke zu schnell. Eigentlich vergeht die Zeit immer zu schnell. Ist der Moment vergangen, ist er unwiederbringlich verloren. In der Erinnerung können wir ihn heraufbeschwören, aber er kommt nicht zurück. Wenn wir das Gefühl haben, die Zeit vergehe zu langsam, ist das ein Zeichen dafür, dass wir sie nicht optimal genutzt haben.

Ich blicke auf die Uhr und erschauere. Nichts macht mich so sehr fürchten wie der Sekundenzeiger. Er ist das mahnende Symbol der Vergänglichkeit.

Tick-Tack, wohin verrinnt die Zeit? Tick-Tack, wie wenig mir noch bleibt. Tick-Tack, ein Rhythmus ohne Tarnung.

Tick-Tack, dein Takt ist eine Warnung.

Tick-Tack, ist jetzt und jetzt vorbei.

Vergiss Tick-Tack und lebe frei.

Habe ich den Tag heute verschwendet? Nein, ich denke nicht. Die Ereignislosigkeit bot mir die Chance für ein wenig Ruhe, gab mir die Gelegenheit Erlebtes zu verarbeiten. Nach der Wut und der Unruhe am Morgen lief ich in einen meditativen Trancezustand. Sind die wunden Füße erst einmal überwunden, die vom Rucksack durchgescheuerten Hüften und Schultern allmählich an die Mühsal der täglichen Last gewöhnt, kann man sich in eine Art meditativen Zustand hinübergleiten lassen. Ich habe an mir registriert, dass dies in drei Stadien abläuft.

Stadium 1: Ein Brummen setzt im Kopf ein, er wird leer und damit frei. Keine unnützen Gedanken, keine Sorgen, kein ständiges Alles-Hinterfragen-Müssen. Die Sinne öffnen sich gegenüber all den wunderbaren Eindrücken von außen. Wie die Welt riecht, wie sie klingt, wie sie schmeckt, lässt sich erspüren.

Stadium 2: Zunächst unbewusst, später etwas peinlich bewusst spult man, die schon vorher erwähnten, scheinbar sinnlosen Mantras herunter. Immergleiche Parolen, wie: Atmen, weiter atmen, ein und aus, ein und aus, atmen, immerzu atmen, ein und aus. Worte, die stupide klingen aber den Fokus nach innen richten. Einen sich selbst fühlen lassen, als das was man ist, als Mensch in dieser Welt, als Wesen, als Teil eines Ganzen.

Stadium 3: Klare Gedanken durchströmen mich, sie sind nicht erzwungen und noch weniger erzwinge ich eine Antwort auf die Fragen, die sie mir einflüstern. Was bedeutet Mensch sein? Gibt es so etwas wie eine allgemeingültige Definition des Menschen? Bedeutet es ständig mit der Spezies voranzuschreiten, zu mehr Entwicklung, mehr Dominanz, mehr Macht? Aber entmenschlicht sich der Mensch dadurch nicht, verliert er nicht, was wir im allgemeinen Sprachgebrauch menschlich nennen? Und dann sind da die Widersprüche zwischen Mensch und Gesellschaft, zwischen Individuum und Gesellschaft. Selbstverwirklichung ist heutzutage erstrebenswert. Jeder will besonders sein, einzigartig und doch schließen wir uns, um dieses Einzigartige zu zeigen, einer Gruppe und Bewegung an und gliedern uns damit wieder in eine Gemeinschaft ein. Wir akzeptieren ihre

Regeln, ihre Uniformierung und gleichen unser Verhalten an – ist dies tatsächlich Selbstverwirklichung? Welche Rolle nimmt der Mensch also ein im Leben, welche Rolle nehme ich ein im Leben – will ich denn überhaupt eine Rolle einnehmen? Heißt eine Rolle einnehmen nicht schauspielern müssen? Will ich das? Wie ist Leben überhaupt gemeint? Wir rühmen uns unseres Verstandes, doch was haben wir verstanden?

So rattern die Fragen hinunter, eine folgt der anderen. Lässt es mich verzweifeln, das ich keine Antwort finde, nie finden werde, sollte ich darüber verzweifeln? Nein, im Gegenteil, es beruhigt mich. Niemand wird das Leben je verstehen können, denn es ist nicht dazu gedacht, verstanden zu werden – es soll gelebt werden. Als ich die Doldenbühler Höhe mit ihrem kleinen Hüttchen erreiche, bin ich einmal mehr gelassen wie eine Hindukuh.

Eine nette Begegnung ereignet sich am frühen Abend dann doch. Ein älteres Pärchen kommt ohne Berührungsangst auf mich zu. Sie waren früher selbst Fernwanderer, haben Deutschland auch zu Fuß kennengelernt. Ich erzähle ihnen vom Wandern heute, sie sind begeistert, dass es das noch gibt. Sie erzählen mir vom Wandern gestern und ich schmecke mit ihnen die nostalgische Wehmut.

Drumherum und drüber hinweg

Sonnenstrahlen kitzeln mich wach. Das Zentrum unseres Planetensystems scheint auf das Zentrum des Planeten ICH – wer umkreist hier wen? Alles eine Frage der Perspektive. Nach einem guten Frühstück mit zwei Kaffee wird man schon mal größenwahnsinnig.

Was wird das heute? Die Königsetappe oder die Horroretappe? Feldberg und Titisee, die großen Zwei des Schwarzwaldes. Wer herkommt, muss sie gesehen haben, genau da liegt das Problem. Ich ahne, was mich erwartet und bin doch freudiger Erwartung. Begegnungen mit der Vergangenheit bringen das mit sich. Hier habe ich auf meiner ersten Wandertour versagt und habe doch die Lust aufs Draußen gewonnen.

Oft versperren Bäume den weiten Blick, das ist der Nachteil des Waldes. Dafür wird die Aufmerksamkeit auf das Kleine gezwungen und gerade hier zeigt sich die schier unendliche Vielfalt der Natur. Die großen Dramen der Welt, aufgeführt auf einem Quadratmeter Waldboden. Das Wunder der Natur im Großen zu finden ist keine Kunst, jeder schafft das, selbst wenn er nicht genau hinsieht. Die wahren Wunder finde ich im Kleinen, eben auf diesem Quadratmeter Waldboden, eben hier vollzieht sich der epische Kampf um das Sein und das Nichtsein. Jede Spezies hat dort gelernt auf ihre, ihr eigenste Art in dieser Natur zu überleben, ach, vielmehr als das, sie mitzugestalten.

Mit dem Glück verhält es sich ähnlich. Das große Glück ist trügerisch und schwer zu finden. Das Kleine ist verschwenderisch und steckt überall, doch wer es sehen will, braucht Augen und einen offenen Geist. Kein Glück ist dauerhaft, es kommt und geht und kennt kein verdient oder unverdient. Glück erarbeitet man sich nicht, Glück findet man. Doch, und hier hinkt die Logik, des Findens bedarf es harter Arbeit.

Der Outdoor-Japaner in mir jubiliert. Eine Blume. Klick. Eine Gruppe Pilze. Klick. Ein mit Tau benetztes Spinnennetz. Klick. So schaffe ich keine zehn Kilometer heute. Wen interessiert es? Ich bin in Entdeckerstimmung. Das Klicken meiner Kamera, meine Schritte auf weichem Waldboden, der Wind in den Blättern sind die einzigen Geräusche.

Die Ruhe reicht bis zum Titisee. Hier übernimmt der Tagestourismus. Menschenmassen, Parfümwolken, Hektik. Klickende Kameras übertönen rauschende Wälder und das Plätschern des Sees. Titisee – Heilklimatischer Kurort steht auf dem Schild. Wenn denn genug Luft zum Atmen bleibt. Schon auf dem Weg ins Zentrum weiß ich, was mich erwartet. Autokorsos und überfüllte Parkplätze sind die Vorboten des Wahnsinns. Es ist erst zehn Uhr morgens.

Ein Bus kotzt eine Ladung Japaner auf den Parkplatz. Wie eine Spezialeinheit der Army sind sie organisiert. Sie beziehen exakt ihre strategische Stellung, die Kameras schussbereit. Der Führer signalisiert: kurze Einsatzbesprechung, Uhrenabgleich, Attacke. Das erste Haus, kein hübsches Haus, wirklich nicht. Aber im Schwarzwald und mit Garten und ein Kreuz hängt draußen, mit dem Chef dran. Plötzlich ein Blitzlichtgewitter. Gerade noch rechtzeitig kann ich die Augen schließen vor dem explodierenden Licht. Als ich sie öffne – kein Beckham auf dem Balkon. Es ist das gleiche unhübsche Haus im Schwarzwald, mit Garten und Kreuz.

Strategisch arbeitet sich das Einsatzkommando voran. Jeder Millimeter wird abgelichtet. Als halber Japaner erkenne ich den teuflischen Plan. Sie wollen den Titisee stehlen. Stück für Stück nachbauen. In Tokio. Als Rummelplatz. Zur Zerstörung der deutschen Tourismusindustrie.

Wie soll man sich vom Klischeedenken lösen, wenn sie sich ständig bewahrheiten?

Man muss die armen Japaner aber auch in Schutz nehmen, sie sind um die halbe Welt gereist und ein Schwarzwaldhäuschen ist dann wirklich eine Sensation. Sie alleine würden auch den Titisee nicht verstopfen. Da sind auch Engländer, Amis, Franzosen, Italiener und natürlich Deutsche, die sich genauso peinlich verhalten.

Eine halbe Umdrehung um den See herum entdecke ich eine kleine Bucht, etwas abschüssig vom Weg. Dahin fliehe ich. Für meine Mittagssiesta brauche ich Ruhe. Welche Wohltat, ich kann den See plätschern hören. Menschen können erbärmlich sein. Ich wette, dass niemand in den letzten Tagen diese Bucht bemerkt, geschweige denn betreten hat. Kaum sitze ich hier und habe meine Kekspackung in der Hand, wirke ich wie ein Leuchtturm.

„Sie haben es aber gemütlich ruhig hier."

Hatte ich.

„Sie haben es aber gemütlich ruhig hier."

Hatte ich und jetzt verschwinde.

„Sie haben es aber gemütlich ruhig hier."

Jetzt verschwinde ich.

Warum kommen grundverschiedene Menschen in solchen Situationen unabhängig voneinander auf die immer gleichen blöden Sprüche und meinen damit, lustig zu sein? Herdeninstinkt?

Auf der Flucht. Die Zeit, die ich vorhin vertrödelt habe, hole ich nun unfreiwillig auf. Im Eilschritt durch den Campingplatz. Dicht gedrängt, eine Legebatterie für Homo Sapiens. Ist das Urlaub? Campingwagen mit gelben Nummernschildern stehen in Reih und Glied. Noch ein Klischee. Noch eine Wahrheit.

Hinter dem Campingplatz klettert der Weg vom See hinfort. Eine leichte Steigung bringt mich ins Bärental. Von hier lässt sich bereits hinauf zum Feldberg blicken. Deutlich weniger Besucher verirren sich hierher. Ruhe kehrt ein. In mir und um mich herum.

Am Aussichtspunkt Zweiseenblick blicke ich auf zwei Seen. Den Titisee und den Schluchsee. Wie ruhig sie von hier oben aussehen.

Die Kreuzung an der Hochkopfhütte wird mich morgen vom Westweg weg führen. Ab dort wechsle ich auf den Querweg, der Freiburg und Konstanz verbindet. Das macht die Hochkopfhütte zur idealen Ausgangsbasis zur Besteigung des Feldbergs und zum Marsch Richtung Osten. Schauen wir sie uns also mal an. In der Hütte soll ich heute Abend pennen? Ich bin bestimmt nicht anspruchsvoll, aber dieser halbeingestürzte Bretterverschlag ist dunkel, dreckig und stinkt widerwärtig. Es ist die mit Abstand hässlichste Hütte im ganzen Schwarzwald. Lieber suche ich mir eine

Parkbank. Verdrängung hilft. Problem erkennen, Problem nicht lösen können, Problem ignorieren. Ich besteige jetzt erstmal den Feldberg, möglicherweise löst sich das Problem bis dahin von alleine.

Tut es nicht. Keine Schlafalternative bis zum Gipfel. Erst karge Felsen und Naturschutzgebiet, dann Straße und Hotels. Eine Bushaltestelle, die im Müll versinkt, warnt vor dem Tagestourismus. Der Bus vom Titisee hierauf braucht 25 Minuten. So etwas zu sehen ist immer irgendwie ernüchternd.

Ich mag keine mit Menschen überfüllten Plätze, versuche sogenannte Touristenattraktionen zu vermeiden, wo es geht und Inkonsequenz kann ich nicht leiden. Dann komme ich an Orte wie den Feldberg und merke, wie schnell man an die Grenzen seiner Überzeugungen stößt und wie wenig sie wert sind. Kurz und knapp: Ich mag den Feldberg.

Oben auf dem Gipfel bin ich fast ein wenig enttäuscht, dass der Aufstieg nicht anstrengender war, schließlich ist dies nicht nur der höchste Berg des Schwarzwalds, es ist der höchste von ganz Baden-Württemberg. Um noch einen draufzusetzen, es ist sogar die höchste Erhebung aller deutschen Mittelgebirge.

Ein paar weitere interessante Fakten: Die Jahresdurchschnittstemperatur entspricht mit 3,3 Grad der von Nordnorwegen, an fünf Monaten im Jahr gibt es eine geschlossene Schneedecke und orkanartige Winde mit einer Geschwindigkeit von bis zu 130 Stundenkilometer können das ganze Jahr über ihn hinweg fegen. Bären, Luchse und Wölfe trieben hier einst ihr Unwesen, bevor das Unwesen Mensch kam.

Man möchte glauben, sie bevölkern den Feldberg noch immer bei der Ansammlung an fünfzigjährigen Möchtegern-Pfadfindern auf Nilpferdsafari. Sie sind schuld, dass die Illusion vom wilden, rauen, vorzeitlichen Feldberg dahin schwindet.

Der Wahnsinn nimmt wieder überhand. Ein erwachsener Mann, mit Betonung auf erwachsen, überklettert einen Zaun um eine Kuh zu streicheln und sich mit ihr fotografieren zu lassen. Jetzt ist es doch zu viel. Es ist eine Kuh, kein Elefant will ich ihm zuschreien. Ich bin zu fassungslos zum Formulieren, so bleibt es beim unartikulierten Schreien. Schreiend laufe ich davon. Über den Berg runter ins Tal. Zurück zu meiner hässlichen Hütte. Stille. Allein das macht mir den Holzhaufen doch etwas sympathisch. Nicht sympathisch genug um darin zu schlafen, aber sympathisch genug um seine Gegenwart zu ertragen.

Die Picknickbank am gegenüberliegenden Wegesrand

sieht doch akzeptabel aus. Isomatte drauf. Probeliegen. Durchaus bequem. Das geht, solange es trocken bleibt. Es bleibt. Unter einem sternenklaren Himmel habe ich freien Blick in die Vergangenheit des Universums. Der Mann im Mond winkt mir zu, und während ich Mondkälber zähle, schlafe ich sanft ein.

Zum Hierabrunnen

Auf Wiedersehen Westweg. Hallo Osten. Ein weiterer Abschnitt der Reise geht zu Ende. Zu Ende? Hört sich immer so negativ an. Ein weiterer Abschnitt der Reise beginnt. Viel besser. Hierin, wie in so vielem, ist das Wandern eine Metapher für das Leben. Anfang und Ende sind Gegensätze. Trotz der Gegensätzlichkeit treffen sie am gleichen Ort, zur gleichen Zeit aufeinander, sind in dieser besonderen Situation sogar das Gleiche. Es ist, wie so oft, eine Frage der Perspektive und mit der Perspektive wechselt die Einstellung zur Situation. Diese Situation ist eindeutig eine Gute. Neuer Weg, neue Richtung, mal sehen, was kommt.

Spinnenland. Ständig wische ich mir Spinnenweben von den Schienbeinen und aus dem Gesicht. Ganze Bäume haben sie zu gesponnen. Faszinierende Baumeister. Ihre Netze bestehen aus Spinnenseide. Bezogen auf ihr Gewicht ist sie viermal belastbarer als Stahl und kann um das Dreifache ihrer Länge gedehnt werden, ohne zu reißen. Spinnen ängstigen uns. Andere Kulturkreise feiern sie als Gottheiten, wieder andere essen sie. Warum ängstigen sie uns? Von den momentan bekannten, mindestens 41.000 Arten der echten Spinnen, sind weniger als ein Dutzend für den Menschen gefährlich. Wenn sie das nächste Mal eine Spinne sehen, können sie also beruhigt auf sie zu gehen und sie ausgiebig streicheln, die Gefahr getötet zu werden ist äußerst gering und schließlich brauchen alle Lebewesen ein wenig Liebe.

Wird der Schluchsee entspannter als der Titisee? Zwischen den Bäumen kann ich ihn erkennen. Noch bin ich optimistisch. Noch bin ich weit genug von ihm entfernt. Zwar sehe ich ihn schon, aber hören kann ich ihn noch nicht.

Aus dem Wald treffe ich auf die Straße, die nach Aha am Schluchsee führt. Es tut mir leid, ich kann nichts dafür, die Stadt heißt wirklich so. Eine nicht enden wollende Schlange parkender Autos steht an dieser Straße. Es wird genau wie am Titisee. Gibt es einen

Umgehungsweg für den Schluchsee? Bei zwanzig habe ich aufgehört die Mitglieder der Wandergruppe zu zählen, die mir entgegen kommt. Oder ist das gar keine Wandergruppe? Dahinten der, der sieht aus wie ein Schäfer. Er wird seine Herde zum Weiden den Hang hinauf bringen.

Letztlich bin ich erleichtert darüber, nicht allzu weit am See entlang laufen zu müssen. Kaum dort führt mich der

Weg bereits fort. Auf einem Zickzackweg geht es steil hoch zum Bildstein. Dort oben finde ich erneut den Schluchsee. Weiter weg und dennoch größer, zugänglicher. In der Vormittagssonne silbern glänzend fügt er sich wie natürlich in die Landschaft und ist doch künstlich. Er ist der höchst gelegene Stausee Deutschlands. In diesem Augenblick merke ich, wie sich ein unvollendetes Kapitel meiner Vergangenheit schließt. Gescheitert aber bereichert habe ich diesen See damals mit Tommy verlassen. Heute bin ich zurückgekehrt und konnte dieses Kapitel zu Ende schreiben. Manchmal muss man die Orte verlassen, um eine Nähe zu ihnen zu finden.

Die Aussicht hat die Mühe des Aufstiegs gelohnt. So möchte ich den See in Erinnerung halten. Warum ist außer mir niemand hier oben? Keiner entdeckt diese Orte. Keiner will es. Ich zweifle nicht am Menschen, ich zweifle an der Menschheit. Dem Individuum traue ich Intelligenz zu, dem Kollektiv nicht.

Über den Berg hinweg geht es nach Fischbach und in eine andere Welt. Am helllichten Tag könnte ich ein Nickerchen auf der Hauptstraße machen, ohne Sorge. Runter ins Tal. Ein Bach flüstert in die Stille hinein, er fließt an einem rustikalen Schwarzwaldbauernhof vorbei. Neben der Brücke steht eine kleine Kapelle. Bilderbuch Deutschland. Im

Schatten der Kapelle gönne ich mir eine Pause. Um den Gedanken von vorhin aufzugreifen: Warum entdeckt niemand diese Orte? Die Antwort ist so einfach wie einleuchtend: Sie stehen nicht im Reiseführer. Sie entziehen sich dem Diktat des Gesehen-haben-müssens.

In Lenzkirch will ich einkaufen. Alle Geschäfte sind geschlossen. Es kann doch nicht schon wieder Sonntag sein? Leider ist es das. Kioske sind auch geschlossen oder aufgegeben. Ich verziehe mich in das Dorfgemeinschaftshaus und checke meine Restbestände. Viel ist es nicht mehr. Mit etwas Improvisation könnte eine anständige Mahlzeit daraus werden. Ansonsten bleibt keine andere Wahl. Ins Restaurant gehen kann ich vergessen. Lenzkirch ist teuer.

Über Mittag verschanze ich mich im Dorfgemeinschaftshaus und verstecke mich vor der Sonne. Schatten, Klimaanlage und der Tisch mit Zeitungen geben mir das Gefühl vertrauter Zivilisation. Die Zeitungen interessieren mich. Was passiert denn gegenwärtig in Deutschland und der Welt? Seit elf Tagen bin ich unterwegs. Keine Zeitung habe ich seit dem gelesen, keine Nachrichtensendung gesehen. Hätte King Kong New York zertrümmert oder Godzilla Tokio verwüstet, ich hätte es nie erfahren, für mich wäre es, als wäre es nie passiert. Erst wenn ich es in der Zeitung lese oder im TV sehe, ist es für mich geschehen, erst dann hat es für den Planeten ICH stattgefunden. Wenn es alle gelesen und alle gehört haben, hat es stattgefunden. Wirklich?

Fernwanderwege haben die Angewohnheit keinen Anstieg und keinen Berg aus zu lassen. Aus Lenzkirch geht es gewohnt steil heraus. Zum Hochfirst. An einer Kreuzung stehe ich vor der Wahl, zum Gipfel zu steigen oder dem Weg weiter zum Hierabrunnen zu folgen. Zuerst will ich mir den Brunnen anschauen, zum Gipfel kann ich später noch. Später. Später ist das Vertrösten des Augenblicks auf eine Zukunft, die nicht kommen wird. Ich bleibe beim Brunnen hängen.

Am Hierabrunnen steht eine kleine Schutzhütte. Obwohl noch früh am Tag beschließe ich die Etappe für heute. Wann hat man das schon während einer Wanderung. Zimmer mit Bad. Rucksack runter, Klamotten zum Trocknen aufhängen und ab in den Brunnen. Das Wasser ist kalt und ungemein erfrischend. Glänzend weiß entsteige ich dem Becken. Was ich für eine gesunde Bräune gehalten habe, war doch nur Dreck. Im Sauberkeitswahn reinige ich auch einen Satz Kleider. Zumindest heute Nachmittag und morgen früh werde ich mich wieder wie ein Mensch fühlen können.

Früh angekommen bleibt außerdem Zeit zum Schreiben

und Notizen machen. Buchstaben faszinieren mich. Es sind nur kleine, abstrakte Formen, die für sich genommen keinen Sinn ergeben, aber, werden sie kombiniert und zusammengeführt, erschaffen sie Welten. Sechsundzwanzig winzige Symbole bilden Spielraum für die Unendlichkeit.

Zum Schreiben gibt es Tee. Was am Morgen der Kaffee, ist am Abend der Tee. Bei so viel Entbehrung beleben gerade die kleinen Genüsse.

Ein sehr kleiner Genuss wird das Abendessen. Nudeln ohne Soße, angetan mit einem Rest Salami. Schmeckt nach wenig, macht aber satt. Zur Entschädigung für das spärliche Hauptgericht grase ich zum Dessert die Himbeerhecke ab. Der Einkaufsladen der Natur hat nie geschlossen.

Zur Schurhammerhütte

Auf einer Anhöhe begegne ich Gott. Eigentlich begegne ich Gott ständig. Jedenfalls auf dieser Reise. Diesen Umstand verdanke ich nicht einer übertriebenen Religiosität, ist als Atheist auch schwer, als vielmehr der übertriebenen Religiosität der Menschen in diesem Landstrich. Überall finden sie Platz für den Chef. An jeder Hauswand ein Kreuz, auf jeder Anhöhe ein Kreuz, an jeder Kreuzung ein Kreuz, an einem Feld, zur Abwechslung eine Maria, dann wieder ein Kreuz. Dieser Jesus am Kreuz ist besonders. Er trägt die Schlüssel zum Himmel in der Hand. Beim näheren Hinsehen erkenne ich, dass es doch nur ein Autoschlüssel ist, den jemand hier vergessen hat.

Ich brauche Lebensmittel. Nach Lenzkirch will ich nicht zurück, will mir den steilen Aufstieg nicht noch einmal antun. Blumberg werde ich erst in zwei Tagen erreichen. Die einzige Ortschaft zwischendrin ist Kappel, ob es dort einen Supermarkt gibt, ist stark zu bezweifeln. Vielleicht sollte ich es doch mal mit Würmern versuchen.

Von der Anhöhe blicke ich auf Kappel mit seinen rund 800 Einwohnern und meine Hoffnung auf einen

Supermarkt geht endgültig dahin. Aber vielleicht einen Tante-Emma-Laden. Und tatsächlich, den gibt es.

Im Wirtschaftsjargon geschrieben würde es heißen: Die Angebotspalette ist breit, aber nicht tief. Kurz gesagt: ein Laden für alles, aber von allem wenig. Haushaltswaren, Zeitschriften, Post, glücklicherweise auch Lebensmittel, eine Bäckerei und einen Metzger. Wäre auf dem Hof eine Aufzuchtstation für rosa Elefanten, es würde mich nicht wundern. Die Vielfalt ist erstaunlich, denn der Laden ist winzig. Die Tante Emma im Laden freut sich über meinen Großeinkauf und schimpft auf die Supermarktketten und die Menschen, die lieber für einen, zehn Cent günstigeren, Liter Milch zwanzig Kilometer fahren, als ihn bei ihr zu kaufen.

Vorfreude auf ein Naturparadies vermischt sich beim Abstieg ins Haslachtal mit der Angst vor erneuten Menschenmassen. Von hier komme ich in das, was mein Reiseführer den Grand Canyon Deutschlands nennt: die Wutachschlucht. Vor dem Pfad hinunter und den Wegen in der Schlucht werde ich gewarnt. Ein Schild macht mich darauf aufmerksam, dass ich gleich Wildnis betrete und die sei nun einmal gefährlich. In Deutschland gilt jeder Weg ohne Sicherheitsgeländer als potentiell gefährlich. Dabei ist der Weg gerade hier von einer Beschaffenheit, wie ich sie für das Wandern liebe. Eng, an einer Seite von einem steilen Abgrund begrenzt windet er sich an der Felswand entlang.

Wurzelüberwachsen und steinübersät wird der Pfad herausfordernder. Über Stock und über Stein, hei, was muss wandern lustig sein.

Der Tag macht Laune, bevor er richtig angefangen hat. Genau genommen habe ich noch nicht mal die Wutachschlucht erreicht. Den tosenden Wasserfall, den ich durch die schmale Felsenge vom Rechenfelsen aus sehe, erzeugt die Haslach. Erst ein Stück weiter vorne, dort wo die Haslach mit der Gutach zusammenfließt, dort wo das Wasser wütend wird und folglich Wutach genannt wird, erst dort beginnt die eigentliche Wutachschlucht.

Was aus diesem Zusammenfluss entsteht, mündet 90 Kilometer später in den Hochrhein. Die ersten 33 Flusskilometer gräbt sich die Wutach durch Gestein und schafft diese Schlucht mit einer Tiefe von bis zu 170 Metern. Auf seiner Reise muss der Fluss einen Höhenunterschied von 530 Metern überwinden und lädt den Schluchtenwanderer ein zu einer Entdeckung von fast 400 Millionen Jahren Erdgeschichte.

Geologie ist ein spannendes Thema, aber eines von dem ich keine Ahnung habe. Ich lese Keuper und Gneise, schwarzer, brauner und weißer Jura, gebe mich beeindruckt und weiß nicht warum. Muss ich auch gar nicht. Denn selbst ohne Kenntnisse dieser (ohne Sarkasmus gemeint) faszinierenden Wissenschaft höre ich die Felsen flüstern. Nichts, was ich verstehen könnte, aber es klingt interessant. Ich nehme mir für die nächste Reise vor, ein wenig Basiswissen in Geologie zu büffeln.

Aber die Wutachschlucht ist mehr als Felsen und Gestein. Mit 1.200 verschiedenen Pflanzenarten zählt sie zu den botanisch interessantesten Schluchten in Mitteleuropa. Ich nehme es vorweg, auch in Botanik habe ich etwas nachzuholen und der Volkshochschulkurs ist schon gebucht. Gerade diese Naturmonumente, die man verstehen will und nicht kann, zeigen einem das eigene Unwissen über die Welt, in der man lebt. Man ist peinlich berührt.

Ein Beispiel: Ich lese Faulrüssler auf Pestwurz

und denke an eine Delikatesse aus dem Hexenkochbuch. Dann sehe ich das Bild dazu und denke: aha, ein schwarzer Käfer auf einem grünen Blatt. Was die Situation nicht gerade verbessert. Es hat aber auch Vorteile keine Ahnung zu haben. Wenn man nicht weiß, was was ist und wie verbreitet es ist, steht man beizeiten vor den profansten Dingen und staunt. Einem Botaniker oder Geologen muss ich vorkommen wie ein Mann, der über einen Zaun klettert, um eine Kuh zu streicheln.

Kühe und ähnliche große Säugetiere gibt es hier unten nicht. Es ist die Welt der Kleinen. Geschätzte 10.000 Arten von Wirbel-, Glieder- und Weichtieren tummeln sich zwischen den Felsen und in den Bäumen, verstecken sich im Erdreich, summen um Blumen, spielen Verstecken in Hecken, oder sind baden im Fluss. Man kann sagen, die Schlucht ist in ständiger Bewegung, irgendwo fliegt, krabbelt oder schwimmt ständig irgendetwas. Wer jetzt igitt schreit, der sollte nicht vergessen, dass nicht alles was klein ist und krabbelt oder durch die Luft surrt, ekelig sein muss. Wer käme dazu, pfui zu einem der 590 Großschmetterlinge zu rufen? Wer würde sich angewidert von einem Zaunkönig oder Eisvogel abwenden? Und selbst viele Käfer sind hübsch bunt, und echte Hingucker, auch wenn sie stinken.

Weil sich in diesem Land Menschen schon seit 700.000 Jahren ansiedeln, sind sie folglich überallhin vorgedrungen, so auch in diese Gegend. Im Wutachland finden sich Gräberfelder, die bereits aus der Jungsteinzeit stammen. Als idealer nordsüdlicher Durchgangsraum bot sich die Ebene zwischen Schwarzwald und Schwäbischer Alb an, wäre da nicht diese blöde Schlucht gewesen. Noch heute zieht sie eine sprachliche Grenze durch das Gebiet. Südlich der Schlucht herrscht die hochalemannische, nördlich davon die bodenseealemannische Mundart mit schwäbischem

Einschlag vor. Alles entdeckend, alles erschließend und sich alles nutzbar machend sind sie dennoch in die Wutachschlucht vorgedrungen. Römer, Raubritter und ein Kurhotel haben es versucht, ihre Ruinen sind geblieben.

Die mächtige **Burg Neu Blumegg** sucht man vergebens. Die mickrige **Burg Neu Blumegg** gibt es auch nicht mehr. Im Jahr 1525 wurde sie von Bauern niedergebrannt. Fortan bezogen Gesindel und Räuber die Mauerreste, seitdem war sie als Räuberschlößle bekannt. Außer Geschichten ist kaum etwas von ihr geblieben.

Zunehmender Gegenverkehr kündigt die Schattenmühle an. Ihren Namen nimmt sie von ihrer tiefen, schattigen Lage in der Schlucht und natürlich daher, dass sie eine Mühle ist, beziehungsweise war. Heute laden ein Gasthof zum Verweilen und ein Bauernhof zur Übernachtung ein. Da sie direkt an der Landstraße liegt und daher gut mit dem Auto erreichbar ist, verirren sich viele Tagesausflügler hierher. Ich für meinen Teil ziehe lieber das Tempo an, in dem Wissen, dass jeder Kilometer fort von der Mühle mehr Ruhe bringen wird.

An der Dietfurth quert ein alter Fernweg die Wutach. Randsteine, an denen schon Römer und Alemannen vorbei zogen, erdulden nun auch mich. Rechts vom Weg führt ein schmaler Pfad zu den im Wald versteckten Überresten des

Gasthauses „Zur Krone". Wo ich heute auf Laub und Wurzeln stehe, standen vor einhundertfünfzig Jahren Kutscher und Fuhrmänner zusammen und genehmigten sich das eine oder andere Bier. Wenn man genau hinhört, kann man leise klirrende Krüge und derbes Lachen aus der Vergangenheit herüber schallen hören. Selbstverständlich war man nicht nur zur reinen Freude hier. Bis ins Jahr 1873 fand sich an dieser Stelle die einzige Brücke, die das Löffinger mit dem Bonndorfer Gebiet verband.

Das letzte Gemäuer auf dieser Etappe ist das ehemalige Kurhotel Bad Boll, dachte ich. Nun stehe ich hier und alles, was von dem Kurhotel geblieben ist, ist eine Infotafel und eine alte Kapelle, die allerdings holt sich die Natur auch gerade wieder. Die Geschichten über solche Orte ähneln sich oft: Gebaut, eine Weile wichtig gewesen, an Bedeutung verloren, abgebrannt, vergessen.

Bis zu 100.000 Besucher wollen in der Saison die Schlucht erleben. Hört sich nach einer Menge an und ist eine Menge. Zum Glück bin ich zeitig losgelaufen und habe die Schlucht früh erreicht. So bekam ich die Gelegenheit sie weitgehend ungestört zu entdecken. Bis die großen Massen einsetzen, habe ich mein Tagesziel bereits erreicht. Nun sitze ich an der Schurhammer-Hütte und sehe den Karawanen beim Vorbeiziehen zu. Neugierige Menschen und abenteuerliche

Entdecker gefolgt von röhrenden Kamelen und blökenden Schafen. Manche sind leise, genießen und nehmen die Natur in sich auf, andere schreien sie nieder und schimpfen dann, nichts gesehen zu haben. Wo Menschen sind, sind Gegensätze.

Von der Hütte über den Grillplatz hinunter zur Wutach ist es nicht weit. Dort unten hat sich ein ruhiges Wasserbecken innerhalb des Flusses gebildet. Der perfekte Swimmingpool. Aus Gründen des Naturschutzes werde ich zwar auf die Seife verzichten, nicht verzichten muss ich auf die Erfrischung, die mir das Bad bietet.

Ruhe legt sich gemächlich über die Schlucht. Es ist Abend geworden. Zeit mein Lager einzurichten, Zeit zum Kochen. Wasser ist genug da, man braucht sich nur zu bedienen.

Ich bin nicht nur der Outdoor-Japaner, ich bin auch der Outdoor-Trottel. Auf jeder Tour verlaufe ich mich irgendwann, irgendwo. Und auf jeder Tour falle ich in einen Bach jedes Mal, einmal. Neben der Hütte läuft ein Bach hinunter zur Wutach. Ich will Wasser holen, rutsche auf dem lehmigen Boden aus und liege drin. Zuerst ärgern, dann herzlich lachen ist die übliche Reaktionskette. Mehr Wasser in der Kleidung als im Topf klettere ich heraus. Es fängt an zu regnen. Das kann mir jetzt auch egal sein.

Was mir nicht egal ist, ist das Donnergrollen. Es nimmt stetig an Intensität zu. Meine Hütte ist größer und älter als die beim letzten Gewitter und selbst die hat es überstanden. Ich bin zuversichtlicher verängstigt. Kochen, Essen, dann die Hütte etwas genauer ins Auge nehmen. Ablenkungstaktiken.

Gewidmet ist diese Hütte Hermann Schurhammer. Zu Recht. Als Landesbeauftragter für Naturschutz in Baden initiierte er das Projekt Wutach-Gauchachtal, ihm verdanken wir dieses Naturschutzgebiet. Er führte den ersten ehrenamtlichen Arbeitseinsatz zur Wegerhaltung in die Wutachschlucht. Auf seiner Arbeit laufen wir noch heute.

Dem modrigen Geruch nach zu schließen, könnte man meinen, der gute Hermann sei höchstselbst unter der Hütte zur Ruhe gebettet. Das Dach wird von einem Moosteppich geschmückt und in den Seitenwänden und Tischen haben sich Generationen von Wanderern verewigt. Aber sie steht und zwar äußerst robust.

In der Nacht bekomme ich Besuch. Was es ist, weiß ich bis heute nicht. Tapsige Schritte auf dem Dach, Rascheln und Kratzen. Mein Schlafplatz auf dem Boden der Hütte ist für alle frei zugänglich. Nicht dass ich Angst hätte gefressen zu werden, aber meine Sachen angeknabbert zu bekommen, ist unangenehm genug. Und wer weiß, wo die Viecher Pipi machen.

Der Hegau

Zur Buchberghütte

Ab in den Hegau. Stopp. Noch nicht. Noch bin ich in der Wutachschlucht und die ist viel zu wunderbar, um sie so schnell zu verlassen.

Nach dem Aufstehen stelle ich erleichtert fest, dass kein nächtlicher Besucher seine Morgentoilette neben oder auf meinem Schlafplatz erledigt hat. Niemand hat meinen Schlaf- oder Rucksack angenagt und keiner hat sich mit meinem Essgeschirr aus dem Staub gemacht. Wer jetzt behauptet ich würde unter diversen phobischen Störungen leiden, dem kann ich im Moment gerade wenig entgegensetzen.

Gegenüber den anderen Besuchern habe ich einen strategischen Vorteil. Ich bin schon da. Bevor die ersten Tageswanderer kommen, gehört mir die Schlucht alleine. In den frühen Morgenstunden hat es stark geregnet. Der Wolkenbruch hat Bäche und Wasserfälle gefüllt. Dekorativ ergießen sie sich über, unter und am Weg vorbei in die Wutach. Die Luft atmet sich unglaublich rein.

Wie, das soll immer noch Deutschland sein? Wo ist die tatterige, alte Dame geblieben, die ständig über alles meckert? Wild und abenteuerlustig wirft sie sich über den letzten Abschnitt der Schlucht. Meinem Ermessen nach wird die Schlucht mit jedem Schritt schöner. Bis auf den Weg findet sich kein Zeichen menschlichen Einwirkens. Nur die Wutach und die Zeit hinterlassen ihre Spuren als Baumeister. Sie verstehen ihr Handwerk.

Wo der Mensch gewaltsam einen Weg in den Felsen gesprengt hat, frisst sich der Fluss seit Millionen von Jahren geduldig hindurch. Ständig wechselt er seine Erscheinung. Mal, seinem Namen gerecht, stürmt er wütend über Felsen und Kanten hinweg, mal wird er breiter und träge und plötzlich ist er ganz verschwunden. Vom Rümmelesteg aus beobachte ich, wie der Fluss unter einer Felswand versickert. Und jetzt? Wutachschlucht ohne Wutach ist doof. Anderthalb Kilometer später hat sie es auch eingesehen. Ist was? Scheint sie zu fragen, während sie wieder frech aus dem Stein gegluckst kommt. An manchen Stellen kann sich das Wasser nicht zurückhalten. Wie bei einer geplatzten Leitung kommt es aus den Wänden geschossen und ergießt sich über den Weg.

Die Gauchachschlucht ist die wichtigste Nebenschlucht und lohnt unbedingt einen Abstecher. Besonders wegen ihres Waldes. Man sagt mir, er sei so unzugänglich, dass an eine Holznutzung nicht zu denken sei, man würde alles dort liegen lassen, wo es herunterstürzt. Eine sich selbst überlassene Natur, ein wahrhaftiger Urwald.

Dann tauche ich auf aus der Schlucht und erwache aus dem Traum vom wilden, abenteuerlichen Deutschland und stehe vor einem Sägewerk. Der Schnitt kommt zu abrupt. Ich will noch nicht aufwachen.

Ich bin gepilgert. Zum ersten Mal in meinem Leben, wahrscheinlich auch zum letzten Mal. In Achdorf bin ich falsch abgebogen und auf einem Ausläufer des Jakobswegs gelandet, dabei bin ich sogar an einer Pilgerherberge vorbei gekommen. Es ist eine dieser Fragen, die man ständig als Wanderer zu hören bekommt: „Bist du den Jakobsweg gelaufen? Warst du schon in Santiago?" Nein! Und ich habe auch gar keine Lust dazu. Camino hier, Camino da, als wäre es das Nirwana des Wanderns. Hape war da, Paulo Coelho war da, Shirley MacLaine auch, alle drei haben ein Buch darüber geschrieben und waren erleuchtet. Jetzt denkt jeder, er muss auch hin, um sich erleuchten zu lassen. Allein Hapes Buch hat die Anzahl deutscher Pilger um 71 Prozent im Vergleich zum Vorjahr ansteigen lassen. Tut mir Leid, brauch ich wirklich nicht, das Letzte was ich will, wenn ich nach innerer Einkehr suche, sind Menschenmassen, jegliche

Spiritualität verliert sich in dem Spektakel Camino. Außerdem, was die Summe an Kreuzen und anderen religiösen Symbolen angeht, kann der Schwarzwald locker mit Spanien mithalten.

Das Verlaufen führt mich auch zum angepeilten Zwischenziel Blumberg, quält mich dabei aber einen steilen Hang hoch. Fluchend oben ankommend verstumme ich: Verlaufen lohnt sich. Die Schleifenbach Wasserfälle stürzen sich vor mir eine Abrisskante runter. Fünfunddreißig Meter tollkühner Sprung. Über eine Holzbrücke und kleine Leiterchen steige ich die restlichen Meter nach Blumberg auf.

Blumberg, mit seinen gut zehntausend Einwohnern, ist die größte Stadt, die ich seit Langem betrete. Und ich betrete sie auf genau der falschen Seite. Das Gewerbegebiet und damit sämtliche Supermärkte befinden sich am gegenüberliegenden Ende. Lange, heiße und harte Asphaltkilometer als Bonus. Ein wenig hoffe ich darauf, bei der Durchquerung Blumbergs auf seine vielleicht berühmteste Tochter zu stoßen. Aber die Michelle ist nicht zu sehen. Wussten sie, dass der Geburtsname unserer Schlagerprinzessin Tanja Shitawey lautet. Wir wissen nun, warum sie sich für ein Pseudonym entschied – obwohl, der Nachname hätte ihr in England zu einigem Ruhm verhelfen können.

In Hausach war ich fasziniert vom Schlaraffenland Aldi, in Blumberg bin ich schon überfordert mit der Auswahl des Schlaraffenlandes. Sämtliche Supermarktketten biedern sich mir an, locken mich, wollen mich zum Einkauf verführen. Ein Discounter-Strich. Ich erwerbe Trockenobst, Nüsse, Schokolade, Nudeln, Haferflocken und Tütensuppen. Das Standardrepertoire. Zur Belohnung nehme ich mir auch eine große Tüte Chips mit. Belohnung für was? Das ist doch das Schöne am Wandern. Man kann sich ständig für irgendetwas belohnen.

Im Supermarkt habe ich eine Kasse für mich alleine. Ich fühle mich geduldet, aber skeptisch beäugt. Der Respekt vor dem Wanderer ist da, wer mich als solchen erkennt. Die Meisten scheinen zu zweifeln, ob hinter diesem Bart überhaupt noch ein Mensch steckt. Der Geruch macht mich auch nicht gerade gesellschaftstauglicher. Was ist das denn für einer? Ein Penner? Rumtreiber? Was noch Schlimmeres? Schiefe Blicke und Zurückhaltung. Schaue ich in einen Spiegel, wundere ich mich manchmal selbst, wie man in knapp zwei Wochen so verwildern kann.

Chips naschen auf einem Platz an der Hauptstraße. Durch Nichtstun polarisieren. Da sitzen und gucken und angeguckt werden. Ich komme mir vor wie ein Terrorist, der einen Anschlag auf ihr sicheres, geregeltes Leben plant. Lars ist anders. Ohne sich von meiner Erscheinung stören zu lassen, setzt er sich zu mir. Lars ist auch Wanderer. Wir erkennen uns. Erkennen schafft Raum für Anerkennung. Er ist zurzeit gefangen in seinem beruflichen Alltag und seiner Rolle als Mitglied der Gesellschaft. Ich gehöre gerade nicht dazu, bin frei im anderen Alltag und kann ihm deshalb viel geben. Was kann ich geben? Schöner als Lars hätte es mir niemand sagen können: „Inspiration." Nur ein Wort, aber was für eins. Ich fühle mich geadelt.

Ausgeruhte, aufgetankte Beine lassen mich beinahe auf den Buchberg sprinten. Mittag ist gerade durch und die Etappe auch. Der Platz hat alles. Grillstelle, Picknickbänke, eine dieser schönen kleinen und sauberen Hütten und eine phantastische Aussicht. Ich gebe mir den Rest des Tages frei. Langweilig wird mir nicht werden. Der Besuch ist regelmäßig und abwechslungsreich.

Der Komödienstadl beginnt. Schnaufend und polternd müht sich eine Familie zu mir hoch. Drei Kinder und gestresste, überforderte Eltern. Die beiden Söhne springen relativ frisch vorneweg. Sie befinden sich in einer schwierigen spätpubertären Übergangsphase, will heißen sie sind forsch und laut. Zu bändigen versucht sie der Vater, der es als Nächstes den Berg hoch schafft. Eine ganze Weile später finden sich auch Mutter und Tochter ein. Man könnte meinen, sie säßen in einer Dampflok nach hier oben. Es schnauft und pfeift. Die Gesichtsfarbe der Tochter hat einen Ton angenommen, den man bei einer reifen Tomate als gesund erachten würde. Kaum oben bricht sie auf einer Bank zusammen, in kürzester Zeit bildet sich ein Bergsee aus Schweiß zu ihren Füßen.

„Wie lange seid ihr denn schon unterwegs?", wundere ich mich.

„Wir sind unten in Blumberg losgestartet", sagt der Papa.

„Klar, aber ich meinte, wo habt ihr heute Morgen eure Etappe begonnen?"

„Äh, das ist unser erster Wandertag und den haben wir gerade in Blumberg begonnen."

Ach so. Zwei Uhr nachmittags am ersten Wandertag und der Großteil der Familie ist schon ein Totalausfall.

„Wo wollt ihr heute denn noch hin?" lasse ich nicht locker.

„Nach Engen." Papa blickt seine Pappenheimer an, der Zweifel in seiner Stimme ist nicht zu überhören. Bis Engen sind es noch 25 Kilometer.

Der Familienrat sammelt sich. Kollektives Wundenlecken. Erstmal Mittagessen, das hat man sich schließlich verdient, die ersten zwei bis drei Kilometer von Blumberg zum

Buchberg sind geschafft. In der Mittagspause führen die Jungs mir ihre Ausrüstung vor. Mit Sicherheit haben sie jedes Gimmick, das je in einem Yps-Heft erschienen ist dabei. Packt gleich einer von ihnen einen Wasserbeutel mit Uhrzeitkrebsen aus, würde es mich auch nicht mehr wundern. Kompass mit Rücklichtern und Sicherheitsfallschirm in allen Ehren, sie hätten das Geld besser in Trinkflaschen investieren sollen, dann bräuchten sie keine Glasflaschen mitschleppen. Der erste handfeste Streit bricht los: Papa hat die Würstchen auf dem Küchentisch liegen lassen. Nach einer Stunde Pause ziehen sie weiter. Drei Uhr Nachmittag, fünfundzwanzig Kilometer vor der Nase. Auf Wiedersehen. Ich bin mir da nicht so sicher.

Ist heute Tag der Jugend? Die nächsten Pubertätsopfer treffen ein. Zwei Mädels und ein Junge. Balzverhalten. Aber sie lassen mich weitgehend in Ruhe oder stellen interessiert die üblichen Fragen. „Wo bist du losgelaufen?" ist eine weitere dieser Frage, die ich öfter höre. Je weiter ich von zu Hause fort bin, desto spektakulärer klingt die Antwort, obwohl es immer dieselbe bleibt. Anerkennung bis hin zu verdutztem Staunen sind die Reaktionen. Etwas selbstherrliches Sich-Bewundernlassen gehört eben auch dazu, als Seelenmassage. Fürs fleißige Beantworten

bekomme ich eine Bratwurst. Geschichten aus dem Zoo –
Futter für Attraktionen.

Harry tritt auf. Es ist eine unwirkliche Szene. Erst raschelt
es im Gebüsch, dann kommt ein verhutzeltes, kleines
Männlein mit roten Haaren und einem struppigen Bart zum
Vorschein. Mit viel Wohlwollen ist es einsfünfzig groß. Es
trägt ein rot-weiß kariertes Flanellhemd, khakibraune Hosen
mit Hosenträgern und einen lustigen Hut. Ich erkenne es
sofort. Es ist ein leibhaftiger Waldschrat. Ungelogen. Auf
dem Rücken hüpft ein abgewetzter Armeerucksack bei
jedem Schritt. Würde es mir erzählen, es wohne dort vorne
in einem Erdloch, ja, ich wäre geneigt, ihm zu glauben.

In der kleinen Gespensterfibel ist unter Waldschrat
Folgendes zu lesen:

Schrate gelten als eine Art von Naturgeistern. Man sagt,
die Schrate seien den Menschen in allem behilflich und
greifen zu, wo eine Arbeit noch unvollendet geblieben ist,
ohne dafür Lohn zu beanspruchen. Hört sich doch gut an.

Im Duden steht unter Klischee:

eingefahrene Vorstellung

Suchen sie sich raus, was passt.

Harry ist mehr als ein ulkig aussehendes Hutzelmännlein,
er ist die gute Seele dieses Waldes. Ihm und seinesgleichen
darf ich danken, bis hierher gekommen zu sein und mich

verhältnismäßig selten verlaufen zu haben. Als aktives Mitglied des Schwarzwaldvereins verbringt er seine freie Zeit in diesen Wäldern, prüft den Zustand der Wege und bringt neue Wegmarkierungen an. Es gibt auch einen Harry außerhalb des Waldes, da ist er in eine Fabrik gesperrt, ackert seine Zeit herunter und wartet darauf, endlich wieder in den Wald zu dürfen. Heute wollte er die Neumarkierung des Schluchtensteigs in diesem Abschnitt vornehmen. Beim Wollen ist es geblieben. Nach einigen selbst mitgebrachten Bieren erzählt er mir Geschichten aus diesem Wald, aus dieser Region, aus seinem Leben.

Richtig müde ziehe ich meinen Schlafsack über die Nase. So viele Menschen, so viele Gespräche. Zu viel Kommunikation für einen Tag. Daran bin ich nicht mehr gewöhnt. Mir schwirrt der Kopf vor lauter Worten. Morgen wird einfacher, da brauche ich nur 35 Kilometer laufen.

Der Stofflerhof

Langsam, aber endgültig geht der Schwarzwald in den Hegau über. Die Landwirtschaft dominiert diesen weitestgehend flachen Landstrich. Es ist unglaublich heiß geworden. Schon am Vormittag zeigt das Thermometer 30 Grad. Davon merke ich zunächst recht wenig. Der Tag beginnt im Wald. Breite, stark zerfurchte Wege trüben das Wandervergnügen. Ist das eine Vorschau auf den Hegau? Den Gedanken verwerfe ich sofort. Auch dieses Wandergebiet soll eine faire Chance bekommen, sich zu beweisen.

An einer Kreuzung blicke ich verdutzt auf den Wegweiser. Wenn ich jetzt nach rechts abbiege, bin ich in der Schweiz. Ist Deutschland wirklich schon zu Ende? So ein Abstecher ist nicht ganz ohne Reiz. Die Grenze überwinden, ins Ausland vordringen. Von der Idee versucht, ihr aber nicht erlegen, gehe ich nach links weiter und treffe unvermittelt auf den Blauen Steine. Seinen Namen nimmt er von seiner anthraziten Färbung. Der Basaltkegel, mittlerweile als Naturdenkmal geschützt, steht einfach so hinter der Ortschaft Randen im Wald, unbemerkt, weil unbeworben.

Durch den Wald, dann am Waldrand entlang und raus aufs Feld. Die Sonne nagelt mich auf den Weg. Kein Wind erfrischt die Luft, Saunaatmosphäre. Um mich herum völliger Stillstand. Nichts und niemand bewegt sich. Die Welt nimmt hitzefrei. Aus dem Schatten heraus werde ich kritisch vielleicht sogar spöttisch beäugt. Unter einem Baum fläzen Kühe, ich meine bei ihnen ein Kopfschütteln zu erkennen, als sie mich sehen. Meine Sonnencreme ist wasserfest. Ist sie auch schweißfest? In Sturzbächen läuft sie mir davon.

Im Flirren der Sonne sehe ich meine letzten Herausforderungen, die Hegau-Vulkane. Längst sind sie erloschen, heute krönen Ruinen ihre Spitze. Viel Zeit stehenzubleiben und zu gucken, habe ich nicht. Zu groß ist die Angst bei Stillstand sofort in Flammen aufzugehen. Die Vulkanberge mit ihren Ruinen zählen im Moment eh nicht. Im Moment zählt nur das kleine Waldstück, das ich vor mir sehe. Der Schatten hat keine Vorurteile, er nimmt jeden auf, auch mich.

Als mich der Wald wieder freigibt, begegne ich Napoléon. Gut, der kleine Korse ist nicht persönlich da, aber er hat seine Spuren hinterlassen. Auf dieser Anhöhe, Napoleonseck genannt, standen vom 1. bis zum 3. Mai 1800 seine französischen Truppen. Von ihrem Gefechtsstand reicht ihr Blick über den Hegau fast bis zum Bodensee. In anderer Richtung strahlen bei guter Sicht die Alpen am Horizont. Wo ich heute alleine und im Stillen auf einer Picknickbank im Schatten sitzen kann, wartete vor zweihundert Jahren eine Abteilung seines 60.000 Franzosen umfassenden Heeres auf das Angriffssignal. Ihnen gegenüber, zwischen Engen und Stockach, lagen 50.000 Österreicher, bereit ihr Land zu verteidigen. Nach der Pause folge ich Napoléons Fußstapfen nach Engen. Mein Marsch ist ungleich friedvoller, denn ich will die Stadt nur besuchen und nicht besitzen.

Engen hat eine putzige Altstadt. Seit Mitte der siebziger Jahre vollständig saniert, bekam sie bald darauf Denkmalschutz zugesprochen. Für schlappe neunzig Millionen, damals noch Mark, hat man das Mittelalter zurückgeholt. Zum romantischen Mittelalterensemble zählen die Stadtkirche Mariä Himmelfahrt, das Krenkinger Schlössle und der schmucke Marktplatz. Spaziert man durch die, ohne kalauern zu wollen, „engen" Gässchen weht einem ein Hauch von Damals ins Gesicht. Glücklicherweise ist dieser Nostalgiehauch heute nur heiß und nicht unratgeschwängert wie die Luft, die im tatsächlichen Mittelalter den schwarzen Tod durch Engen trieb.

Am frühen Nachmittag lasse ich Engen hinter mir. 35

Grad ruft mir das Thermometer zum Abschied nach. Und jetzt hoch auf den Hohenhewen. Engens Hausberg überragt das Umland um dreihundert Meter. Was für später eine tolle Aussicht verspricht, verspricht mir zu aller erst einen harten Aufstieg. In meinem eigenen Schweiß schwimme ich nach oben. Auf dem Höwen, wie der Berg umgangssprachlich genannt wird, ist einiges los. Nein, keine Menschen. Niemand außer mir ist so blöd, an einem Tag wie diesem zu wandern. Pferdebremsen wollen meine nackten Beine, sind geil auf mein Blut. Klar, die wollen auch eine Erfrischung, aber ausgerechnet mein Blut? Das ist eine kochendheiße, blubbernde Suppe rufe ich ihnen zu. Sind sie selbst so verzweifelt oder ist es die Sprachbarriere? Sie lassen nicht ab.

Der Weg geht nicht über den Gipfel, ein paar hundert Meter entfernt zweigt er ab, weist mich hinunter ins Tal. Schon mal oben will ich mir die Ruine nicht entgehen lassen. Den Rucksack verstecke ich an der Kreuzung. Weiter mit nackten Schultern, es ist ein Gefühl wie Fliegen. Also fliege ich zur Ruine. Die Burg wurde im zwölften Jahrhundert erbaut und, wie bei Burgen üblich, gehörte sie mal dem einen, dann dem anderen. Im Dreißigjährigen Krieg wurde sie zerstört und nicht mehr aufgebaut. Gut 170 Jahre danach durfte die Erde des Höwen noch mehr Blut trinken, als Napoléons Franzosen die in den Ruinen verschanzten Österreicher vertrieben. Erklärt das die Blutgier seiner jetzigen Besitzer, den Herren von und zu Pferdebrems?

Ich frage nicht warum, denn Gründe gäbe es genug, ich frage wohin. In den wievielten Kreis von Dantes Hölle mag ich hinabgestiegen sein? Das Inferno brennt und Beelzebub ist ganz in der Nähe. Es schwirrt und surrt, es pickst und sticht. Wird er nicht der Herr der Fliegen genannt? Sie sind überall. Nicht die kleinen, nervigen Stubenfliegen, nein, Schnaken und Stechmücken. Wie die Bremsen wollen Sie mein Blut, Opferblut. Was macht ihr hier? Es ist helllichter Tag und eine gleißende Sonne steht am Firmament, solltet ihr nicht schlafen oder euch im Schatten verstecken? Autan hilft gar nichts, das Zeug ziehen sich die Biester zum Frühstück rein. Bushman, ein Mittel aus Australien, hilft. Blöd nur, dass nach einer Viertelstunde alles weggeschwitzt ist. Stramm laufen und mit einem Handtuch wedeln ist die Naturvariante. Vom Weg nehme ich nichts mehr wahr. Meine einzige Hoffnung ist der nächste Vulkanberg, der Hohenstoffeln. Mal sehen, ob die Viecher 400 Meter höher genauso umtriebig sind. Sind sie! Blöderweise können sie fliegen und machen sich nichts aus Höhenunterschieden. Die Hohenstoffelnhütte in der Wegbeschreibung ist dick unterstrichen, eingekästelt und eingekreist. Da hin, dort einkehren, dann wird mir schon was einfallen. Kleine Hoffnung. Keine Hoffnung, die Hütte ist zu, fest verschlossen. Was jetzt?

Die Chaos-Familie von gestern biegt plötzlich um die Ecke. „Ihr hier?"

„Wir mussten unsere Tour umplanen, hatten uns überschätzt."

Ach nee. Wir tauschen uns über das Mückenproblem aus. Sie haben ihr Quartier in Welschingen gebucht, bis dahin ist es nicht mehr weit, dann sind sie erlöst.

„Meine Hoffnung war diese Hütte," muss ich zugeben.

„Da oben kommt ein Bauernhof, der liegt abseits vom eigentlichen Weg, man kann leicht daran vorbeilaufen. Die haben uns zu einer Grillparty heute Abend eingeladen. Vielleicht kommst du da unter." Könnte diese Chaostruppe tatsächlich für mehr als nur Belustigung gut gewesen sein? Sofort schäme ich mich für den Gedanken, immerhin werde ich der Familie den schönsten Abend der gesamten Tour zu verdanken haben.

Der Wegbeschreibung folgend renne ich, getrieben von der Sonne, den Stechmücken und dem unbändigen Wunsch endlich anzukommen, den Hohenstoffeln hinauf. Ich höre ihn, dann sehe ich ihn, den Stofflerhof. Welch eine Oase des

Friedens. Zwei Lämmchen begrüßen mich. Springen an mir hoch und hüpfen zwischen meinen Beinen umher. Das Kamerunschaf liegt neben der Katze dösend im Schatten, den beiden bin ich nur einen Blick wert. Ein Kasten Bier steht im Brunnen, aus dem frisches, kühles Quellwasser läuft. Benny, der Hofhund kläfft mich besitzverteidigend an. Vorsichtig und etwas eingeschüchtert nähere ich mich dem Bauernhaus. Eine Ablehnung könnte ich nicht verkraften. Benny kündigt mich an. In der Tür erscheint Eva, die Bäuerin. Wie einen angemeldeten Gast empfängt sie mich.

„Hallo, schön das du da bist. Du brauchst bestimmt einen Flecken zum Übernachten. Hast dir den besten Tag rausgesucht. Wir weihen unseren neuen Grillplatz ein. Du bist eingeladen. Willst du im Strohlager schlafen?"

In Deutschland gibt es Engel, meine wohnen auf dem Stofflerhof. Was für eine Gastfreundschaft.

Eva führt mich herum. Sie und ihre Tochter, Lea, betreiben den Hof. Früher war die Haupteinkunft klar die Landwirtschaft. Mit der Zeit wurde diese immer weniger einträglich. Den Hof wollte man nicht aufgeben, also mussten neue Geschäftsfelder erschlossen werden. Das neue Konzept heißt Erlebnis- und Lernbauernhof. Kindergeburtstage und Schulausflüge wurden zu einem immer wichtigeren Standbein. Aus meiner Sicht müsste jede Schulklasse der Umgebung dazu verpflichtet werden, einen Ausflug hier hoch zu machen. Zum einen, weil der Hof nicht per Auto, sondern nur per pedes zu erreichen ist und sich die Kinder so mal bewegen müssten, zum anderen, weil es herrliche Dinge zu lernen gibt. Solche Dinge wie:

Milch kommt aus der Kuh und nicht aus dem TetraPack.

Wie kommt die Milch überhaupt in die Kuh,

und was kann man aus der Kuh und ihrer Milch machen.

Schulklassen sind Leas Job, besonders die verschiedenen Projekte wie, vom Schaf zur Wolle oder Getreide mahlen und Stockbrot backen, betreut sie.

Als Kind hätte es nur eine Möglichkeit gegeben, mich wieder von diesem Hof weg zu bekommen. In Ketten und unter Tränen.

Wir kommen zum Strohlager. Bei der Bezeichnung Strohlager ging ich davon aus, irgendwo im Stall zu pennen. Nichts da, eine gemütliche Holzkammer mit Matratzen erwartet mich.

„Die Dusche ist unten links." Da kann jemand Gedanken lesen, vermutlich sind sie sogar zu riechen. „Es gibt leider nur kaltes Wasser." Als ob mich das stören würde. Eva geht zurück in die Küche, die Grillparty vorbereiten und überlässt mich mir selbst. Das Angebot ihr zu helfen, hat sie abgelehnt. „Du siehst aus, als hättest du heute schon genug gearbeitet", antwortet sie lapidar und gibt meiner Faulheit eine Rechtfertigung.

Nacheinander treffen die restlichen Partygäste ein. Evas Mann, Klaus kommt von seiner Arbeit in der Stadt zurück. Er überlässt den Hof weitgehend den Damen und genießt dann abends Evas Köstlichkeiten.

„Hallo, wie geht's? Hast du es bequem, brauchst du irgendwas?", dass ich hier bin, ist für ihn das Selbstverständlichste der Welt.

Lea grüßt mich nur kurz, sie hat zurzeit andere Probleme. Ihre aktuell größte Sorge gilt den Kühen, die sich gegenseitig umschubsen, um die Pole Position an der Wassertränke zu bekommen. Auch eine Art von Alltag.

Als die vier Steinmetze eintreffen, kann die Grillparty losgehen. Die Steinmetze sind von der Schwäbischen Alb hierher gekommen, um die Kirche im Dorf zu reparieren. Quartier haben sie für diese Zeit auf dem Stofflerhof bezogen. Bei dieser Gelegenheit haben sie gleich eine neue Grillstelle gebaut. Die weihen wir nun ein.

Das Feuer hält die Mücken fern. Unterstützt von der Bushman-Chemiekeule habe ich meine Ruhe. Ein kaltes Bier und Evas Küche, wie nahe kann man dem Himmel sein? Alles selbst gemacht, alles aus eigenem Anbau. Wir sind zu acht, das Buffet würde eine Armee satt machen.

Vor dem Essen fordert mich die Bäuerin zu einem Gedenkgebet auf – für Gerda. „Wer ist Gerda?" Die Schutzheilige des Bauernhofs? Die kürzlich verstorbene Großmutter?

Die Antwort ist so viel einfacher: „Gerda ist die Kuh auf deiner Gabel!"

Danke Gerda, du schmeckst fantastisch.

Der Bodensee

Nach Konstanz

Den emotionalen Höhepunkt der Reise hinter mir, noch zwei Wandertage vor mir. Endspurt nach Konstanz. Das Laufen fällt schwer, die Tour fühlt sich vorbei an. Widerwillig gehe ich voran, ich weiß, es ist der Weg zurück in den Alltag, da schmerzen die Schritte doppelt. Zumal sich die gestern schon unerträgliche Hitze heute noch mal steigert. Es wird der heißeste Tag des Jahres mit bis zu 37 Grad.

Gemeinsames Frühstück mit den Steinmetzen, dann Abschied. Bereits am Morgen plagen mich wieder die Stechmücken. Meine Haut ist eine Beule, alles juckt, nichts hilft. Jetzt bin ich das Frühstück, ich frage mich, ob ich noch genug Blut behalten darf, um nach Konstanz zu kommen. Es steckt nun sogar ein Stück Amazonas in Deutschland.

Der Hegau ist weitgehend flach, nur die Vulkankegel ragen heraus. Beim Blick nach Osten, liegen sie wie auf eine Perlenkette gezogen vor mir und klar ist auch, der Weg wird über jeden einzelnen hinüberführen. Zum Glück möchte ich sagen, nicht weil ich pervers bin und es liebe, mich zu schinden, nein, sie versprechen Abwechslung, Ablenkung von meinen Gedanken. Jeder dieser Berge wird mir eine Ruine deutscher Geschichte schenken und mich von der Ruine meiner eigenen Geschichte ablenken. Folgen die Schritte einer Wanderung einem klaren Ziel, fehlt mir dieses Ziel im alltäglichen Leben, gerne würde ich auf ewig weiter wandern.

Mägdeberg, Hohenkrähen und Hohentwiel heißen die Festungsberge. Der Burg Mägdeberg begegne ich zuerst. Zunächst verpasse ich den Eingang, verlaufe mich im Wald und verfange mich in einer unpassierbaren Dornenhecke. Im zweiten Anlauf finde ich den Eingang dann doch und schlüpfe in das Dornröschenschloss. Nicht so imposant wie jenes im Märchen, aber immerhin mit Rosenhecken um- und überwachsen. Von den drei Burgen mag ich die Geschichte von der Burg Mägdeberg am liebsten. Warum? Weil sie uneinnehmbar war? Weil von ihr stolze Ritter in edle Kriege entsandt wurden? Nein, weil sie genau das Gegenteil von dem war. Bevor die Burg das erste Mal belagert wurde, war sie schon zweimal verkauft worden – und zwar innerhalb von drei Monaten. Kurios an der Sache, scheinbar gleichzeitig ging die Burg von zwei unterschiedlichen Verkäufern an zwei unterschiedliche

Käufer. Die Habsburger waren zwar die ersten Käufer, die Württemberger machten sich aber schneller innerhalb der Mauern breit. Wer zu spät kommt, den bestraft das Leben. Als die Burg dann einmal wirklich belagert wurde, wurde sie auch gleich niedergebrannt. Das erste von insgesamt drei Malen. Einer der letzten Besitzer waren die Herren von Rost, da war die Burg bereits in einem so schlechten Zustand, dass sie dem Namen ihrer Herren alle Ehre machte.

Rechtzeitig merke ich, dass die Burg Hohenkrähen unzugänglich ist. Sperrung wegen Felssturz klingt als Erklärung plausibel. Damit entgehe ich auch der Gefahr, dem bösen Burggeist Poppele zu begegnen. Gut, der Name stellt einem nicht gerade die Nackenhaare auf, aber der Legende nach war er ein böser Burgvogt und gemeiner Raubritter, der jetzt auf ätherischer Ebene seine Schandtaten vollbringt.

Müde schleppe ich mich durch Singen, kein Interesse an der Stadt, in der es auch auf den ersten Blick nichts Interessantes gibt. Trotte durch einen vergewaltigten Wald. Aufgeräumt, aufgezüchtet und in Quadrate geordnet. Armer Kerl.

Mein Kopf ist leer, wie es auch mein Körper ist. Keine Power mehr. Die Sonne tut ihr Übriges. Mein Hirn ist eine kochende Suppe, aus meinem Körper ist sämtlicher Saft heraus gebraten. Saftlos laufe ich doch weiter. Irgendwie will ich noch Strecke machen, möchte so nah wie möglich an Konstanz ran kommen, auf dass morgen ein kurzer entspannter Einzug des Helden zelebriert werden kann. Wo Wasser ist, da stecke ich meinen Kopf rein. Ein nasses Handtuch um die Stirn, ein anderes um den Hals, das sieht doof aus, aber über solche Eitelkeiten bin ich lange weg.

Der Bauer auf dem Dürrenhof, am zauberhaften Mindelsee gelegen, hat ein Einsehen mit mir. Er gestattet, dass ich mein Zelt auf einer seiner Wiesen parke. Später kommt er mit dem Traktor vorbei gefahren, als er meine Dackelgarage sieht, muss er herzhaft lachen. „Hättest du nicht gefragt, ich hätte dich wahrscheinlich einfach übersehen."

Früh ins Bett, früh raus. Es hat nicht mal zu grauen begonnen, als ich loslaufe. Stirnlampe auf und rein in den Wald. Mal rate ich den Weg, mal sehe ich ihn. Fluoreszierende Wegmarkierungen halten mich auf der richtigen Fährte. Das Morgengrauen taucht die Welt in Zwielicht und haucht den Schatten Leben ein.

Heute ist der letzte Tag meiner Reise, hämmert es mir ins Hirn. Dem emotionalen Höhepunkt auf dem Stofflerhof folgt der emotionale Tiefpunkt. Schon vorbei? Am Anfang wehrt sich der Kopf gegen diese Art des Lebens, der

Fortbewegung. Dann streikt der Körper, der Schweinehund heult. Bald aber ist alles Gewöhnung und selbstverständlich. Eine neue Routine stellt sich ein, der andere Alltag, der ohne Sicherheit, der, der sich jeden Tag neu erfinden muss. So soll es bleiben. Einfach weiter laufen, in die Schweiz und weiter nach Italien. Mittelmeer ich komme. Es ist ein Traum, aus dem Konstanz mich reißen wird, ich weiß. Genieße die letzten Kilometer, sag ich mir. Versuche es zumindest. Ich versuche es. Wirklich. Es fällt so schwer. Noch nicht zu Hause und schon wieder Fernweh. Noch nicht einmal eine Ahnung, wo mein zu Hause sein soll, außer in der Ferne.

Manchmal muss man sich in den eigenen Hintern treten, um trübe Gedanken zu verdrängen. Durch die Marienschlucht, entlang am Überlinger See, hoch zum Purren mit Blick auf das Kloster Birnau, Überlingen und die Blumeninsel Mainau hinunter nach Konstanz, klingt doch nach einer schönen Strecke. Es fängt an zu wirken, die Lust wächst auf diesen letzten Tag. Genieße es.

Zuerst die Marienschlucht. Auf einem Feld zwischen Langenhain und dem Eingang zur Schlucht treffe ich einen Bauern. Wer sonst, außer mir, sollte so früh schon auf sein.

„Wohin des Weges?" Bauern sind nette Gesellen. Oft geben sie sich mürrisch, aber gerade Wanderern gegenüber sind sie sehr aufgeschlossen und hilfsbereit.

„In die Marienschlucht, zur Burgruine Kargegg."

„Ha, da kenne ich eine Abkürzung."

Er erklärt, ich tue so, als würde ich zuhören, bedanke mich artig und folge dann doch dem offiziellen Weg. Ich will nicht abkürzen, ich will ankommen.

Wildromantisch wird mir die Schlucht beschrieben und das ist sie. Allerdings sind die Erwartungen, mit der Wutachschlucht in frischer Erinnerung, hoch. Zu hoch. Was nicht heißen soll, ich wäre enttäuscht worden, es heißt nur, dass ich nicht überwältigt worden bin. Ich stelle mir vor, wie es hier sein könnte nach einem starken Regen, wenn die Bäche keine Rinnsale sind, wenn die Wasserfälle nicht tröpfeln, sondern rauschen. Das einzige größere Wasseraufkommen ist der Überlinger See unter mir. Die Hitze der letzten Tage hat die Welt trocken gelegt.

Von der Burg Kargegg ist eine karge Ruine geblieben. 1525 wurde die Burg im Deutschen Bauernkrieg niedergebrannt, seitdem ist sie unbewohnt und verfällt. Revolution des gemeinen Mannes ist die heute akzeptierte Theorie über den Bauernkrieg. Auflehnung gegen die Feudalherren, Erhebung gegen ein System, das auf Ausbeutung beruht, damit Reiche reicher werden und Paläste vom Geld der Armen bauen. Zeiten ändern sich. Ändern sie sich?

In Schlafsäcke eingemummelte Wanderer sind die wahrscheinlich ersten Bewohner der Burg seit 1525. Um ihre Lagerruhe nicht zu stören, verzichte ich auf eine nähere Inspektion des verbliebenen Gemäuers.

Auf dem Purren höre ich es kläffen. Manche Menschen kaufen sich einen Hund, um mehr Bewegung zu bekommen. Der 180 Kilo-Bomber hat sogar zwei. Bewegung bekommt er dennoch nicht. Zu den zwei Hunden hat er gleich noch einen Geländebuggy erworben, damit die Hunde Gassi gefahren werden können. Mehr als Kopfschütteln fällt mir nicht ein.

Vom Purren aus sehe ich zur Blumeninsel Mainau hinüber. Wir erinnern uns an die 100.000 Menschen, die die Wutachschlucht im Jahr besuchen, Mainau empfängt jedes Jahr eine Million Besucher. Manche Orte meide ich trotz ihrer Schönheit schon aufgrund solcher Zahlen. Über ein goldenes Sonnenblumenfeld gebe ich mich mit dem Blick aus der Ferne zufrieden.

Nach Konstanz wird es zäh. Auf Asphalt neben Straßen, den Autolärm im Nacken. Wusch-Wusch. Endlos geradeaus. Geradeaus? Normal nicht! Mist. Abzweigung verpasst. Zurück die endlose Gerade neben der Straße und den Autos und hinein in den Wald. Viel besser. Keine Seele begegnet mir in diesem Wald, daher lasse ich meinen

Rucksack an der Kreuzung stehen, um unbepackt den kleinen Abstecher zum ehemaligen Kloster St. Katharina zu machen. Als ich zurückkomme, steht eine Frau auf der Kreuzung, fummelt an meinem Rucksack herum und wirkt verwirrt. Hilfesuchend schaut sie sich um.

„Kann ich helfen?"

„Ja, schauen Sie, da hat jemand seinen Rucksack vergessen. Ich versuche heraus zu finden, wem er gehört."

„Sie haben ihn gefunden. Vielen Dank."

Ehrliche Haut die Gute. Vielleicht war ihr der Rucksack auch nur zu schwer oder hat ihr zu sehr gestunken.

Durch den Mainauwald, an der Universität vorbei erreiche ich die ersten Außenbezirke von Konstanz. Zielgerade. Ist es ein Streich meiner Wahrnehmung oder bin ich tatsächlich im Viertel der Fußpfleger gelandet? Die Anhäufung von Pedikürestudios und Angeboten für medizinische Fußpflege und Fußmassage ist verdächtig, aber auch verlockend. Meine Füße wieder in Ordnung zu bringen, würde vermutlich den Monatslohn eines mittleren Angestellten verschlingen. Was soll's, mittlerweile bin ich in Verzicht geübt, die Angebote ignorierend ziehe ich weiter.

Konstanz ist der würdige Endpunkt für eine Deutschlandwanderung. Weiter als hier kann man die Grenzen des Bundesgebietes nicht ausreizen. Die deutschschweizerische Grenze verläuft zwischen Konstanz und der Nachbarstadt Kreuzlingen. Da beide im Laufe der Zeit zusammengewachsen sind, trennt die Grenze Straßen, Häuser und Nachbarn. Selbst der Bahnhof besteht aus einer deutschen und einer schweizerischen Seite.

Durch das Viertel der Fußpfleger, wie ich es liebevoll zu nennen begonnen habe, eile ich dem Hafen entgegen. Konschdanz, so wird es in der alemannischen Mundart genannt, ist eine Perle. Seiner Schönheit hat es auch zu verdanken, dass es von den Bomben des Zweiten Weltkriegs verschont geblieben ist. Wer hat schon ein Interesse daran ein spätantikes Römerkastell oder frühmittelalterliche Kirchenbauten zu zerstören, wer will Patrizier- und Zunfthäuser brennen sehen? Nennenswerte Industrie gab es nur auf der rechts-rheinischen Seite der Stadt. An dieser Stelle auch vielen Dank an die Schweizer. Die schweizerische Regierung setzte sich für eine Verschonung der Stadt ein. Nach dem die Alliierten aus Versehen Schaffhausen bombardiert hatten (ja, ja, manche Dinge ändern sich nie) befürchteten sie aufgrund der undeutlichen Grenzziehung das Gleiche für Kreuzlingen.

Beim Näherkommen sehe ich die Imperia, die dralle Kurtisane von Konstanz. Neun Meter hoch und 18 Tonnen schwer dreht sie über dem Hafen ihre Runden.

Unermüdlich hält sie die geistliche und weltliche Macht auf Erden in ihren Händen. Die Imperia ist eine Statue und ein Symbol, sie erinnert an das Konzil von Konstanz und daran, wie die Welt von Nutten regiert wurde. Erst 1993 erbaut, der Erzählung La belle Impéria von Honoré de Balzac entnommen, freut sie sich zunehmender Beliebtheit. Eine Metapher überdauert die Zeit.

Im Hafen von Konstanz treffe ich dann auch Herbert. Er kommt aus Darmstadt. Auch er ist den ganzen Weg hierher gelaufen. Doch wo meine Reise endet, hat seine erst begonnen. Er will weiter nach Santiago. Herbert ist 74 Jahre alt.

Ob er vor etwas flieht – und wenn, wovor – weiß ich nicht. Meine Flucht geht jedenfalls zu Ende, die Illusion verblasst. Die Routine des Alltags wird mich bald schon wieder gefangen nehmen, doch der Traum bleibt – von der Freiheit und dem anderen Alltag.

Zurück in den Alltag

Der Weg war das Ziel, jetzt ist es anders, jetzt ist das Ziel, das Ziel. Jede Reise hat ein Ende, zumindest vorläufig, dann heißt es nach Hause zu kommen, doch wo ist zu Hause? Wirklich am Schreibtisch? Wirklich als Bürosklave? Muss das sein? Es war alles nur ein Traum. Traumurlaub. Nun komme ich zurück, doch jedes Zurück bringt mich ein wenig weiter weg. Weg von der Normalität. Oder besser, weg von dem, was gemeingültig als normal angesehen wird. Wie ein Riss in der Realität, durch den langsam das Fremde und Andere einsickert, sich ausbreitet und sie schließlich verändert. Ich muss mich mit verändern, um in dieser Welt bestehen zu können. Das Problem:

Unsere Welten verändern sich auseinander. Es gibt kein Heimkommen. Es gibt kein Zurück. Es ist wie der Traum vom Erwachen aus einem Traum, man ist wach – ist man?

Schlafen und träumen. Träumen davon zu schlafen und zu träumen. Aufwachen. Nur aus welchem Traum? Spielt das eine Rolle? Aufwachen. Ich muss mich irgendwo schlafen gelegt haben, irgendwann. Wann war das? War das hier? Wo ist hier? Noch viel entscheidender – wer ist hier?

Wer bin ich? Der karrieresüchtige Bürosklave? Oder der verarmte vagabundierende Penner? Worin liegt Freiheit, im Reichtum oder in der Armut? Ich bin auch aufgebrochen, um mir einige dieser Fragen zu beantworten – wenn es so einfach wäre ...

Je mehr man nach Antworten sucht, desto mehr Fragen findet man. Und das ist gut so. Immer mehr Fragen zu haben als Antworten ist Grundvoraussetzung dafür ein Suchender zu bleiben.

Das schöne am Wandern ist, man merkt, wie wenig es bedarf, um glücklich zu sein. Geld, das nehme ich mir vor, soll bei den Entscheidungen, welche Richtung ich einschlagen möchte, keine Rolle spielen. Man merkt außerdem, dass Geschwindigkeit eine Illusion ist. Im Leben kommt es nicht darauf an so schnell wie möglich sein Ziel zu erreichen, denn ist es erreicht, rennt man ohnehin nur wieder dem nächsten Ziel nach. Wer schnell durchs Leben rennt, übersieht viel, verpasst einiges und erreicht früher sein Ende – worauf ich gerne noch etwas verzichten möchte.

Und eine Heimat? Habe ich die gefunden? Einen Platz, an den ich gehöre? Ich möchte behaupten, dass ja. Betrachte ich den Frieden, den mir diese Wanderung gegeben, die Zufriedenheit, die mich erfüllt hat und die Ruhe, mit der die Tage gefüllt waren, dann wird mir bewusst, dass Heimat nicht zwingend eine geografische Zuordnung braucht. Heimat liegt in meiner Mitte, in dem Einklang mit mir selbst, wenn das geführte Leben mit dem eigenen Wesen harmoniert. Diese Wanderung hat mich in jenen Zustand versetzt, doch nun geht sie zu Ende. Werde ich diesen inneren Frieden mit in den Alltag nehmen können und – was noch schwerer werden dürfte – werde ich ihn im Alltag konservieren können?

Die Illusion verschwimmt bereits, es war eben doch nur Deutschland, nur eine Wanderung von A nach B, keine Rekorde, nichts für die Ewigkeit, es war nicht mal eine wirkliche Flucht. Eben nur die Illusion einer Flucht. Nur? Was für ein grässliches Wort, limitierend, ein Fantasietöter. Ein Wort als Totengräber einer Generation voller Hoffnung. Nur-Menschen sind wir geworden und gewissermaßen stimmt es auch: Wir sind nur Menschen. Aber müssen wir deshalb nur Leben?

So etwas wie Gedichte

Krank

Ich bin krank.

Ich habe Leben.

Traue mich nicht zum Arzt deswegen,

aus Angst vor seiner Diagnose.

Aber es muss so sein,

ich spüre, wie es durch meine Adern pulsiert.

Es ergreift Besitz von mir.

Langsam,

Stück für Stück,

werde ich davon infiziert.

Ich habe Angst,

denn ich weiß es wird mich töten.

Ich habe Hoffnung,

denn ich werde dabei nicht alleine sein.

Ich lache,

denn in dem Gedanken liegt Freiheit.

Jetzt zu sein

und dann zu bleiben.

Siddharthas Nachklang

Zeit,

> gekommen?
>
> Gegangen?
>
> Oder immer geblieben?

Mensch,

> anmaßend,
>
> besitzergreifend
>
> besitzen wollend, was nicht zu besitzen ist,
>
> besitzen wollend, was ewig ist.

Ewigkeit,

> keine Zeit kennend,
>
> keinen Mensch kennend,
>
> sich selbst nicht kennend.
>
> Nur ein Wort?
>
> Oder doch gar eine Erlösung?

Und Ich,

> als Sklave der Zeit,
>
> an den Menschen gebunden,
>
> in der Ewigkeit verloren.

Ach könnte ich auch die Zeit verlieren!

Ach, könnte ich auch den Menschen verlieren!

Könnte ich mich dann finden

> in der Ewigkeit?

Teil 2 – Alte Heimat

Im Land des Drachentöters

Es ist Frieden eingekehrt auf dem Planeten Ich.

Die Wandertherapie war erfolgreich und was an Erkenntnissen gewonnen und Vereinbarungen getroffen wurde, hielt auch dem Alltag stand. Alles hat seinen Preis, die strahlende Karriere und das große Glück musste ich aufgeben, bekommen habe ich innere Zufriedenheit und eine neue Perspektive. Warum den Weg gehen, der der allgemeinen Definition von Erfolg entspricht? Warum nicht dem kleinen Glück folgen? So laufe ich auf schmalen Pfaden durch das Leben, verpasse die Sehenswürdigkeiten und den Trubel, die von all den Gebrauchsanweisungen für das Leben angepriesen werden, entdecke dafür aber stille Wunder und bekomme tiefe Einblicke in die Ursprünglichkeit des Seins.

Ursprünglichkeit ist das Stichwort. Ein runder Geburtstag ist ein Grund, um zurückzublicken. Für mich ist es ein Grund, um zurückzukommen – einmal mehr. Wieder ist es der Odenwald, die alte Heimat, die mich anzieht, doch diesmal bin ich frei von den Zwängen des Lebens und den Geistern meiner eigenen Vergangenheit. Vielmehr möchte ich die Geister aufspüren, welche sich noch immer in dieser Region verstecken. Der Odenwald ist ein, so scheint mir häufig, vergessenes Mittelgebirge im Herzen Deutschlands. Vergessen gehen auch mehr und mehr seiner Mythen und Legenden, verloren geht damit seine Seele und ohne die ist er einfach nicht mehr der Odenwald, der Sagenwald, sondern nur noch ein Wald im Niemandsland.

Soviel haben wir dieser Welt schon genommen, versuchen wir doch wenigstens, ihre Seele zu erhalten. Wandern gegen das Vergessen. Wandern gegen eine überentwickelte Welt, der die Leichtigkeit verloren gegangen ist. Wandern als Rückbesinnung auf das einfache Leben und die Traditionen auf dem Land. Klingt pathetisch? Ist es vielleicht auch. Klingt romantisch-verklärt? Das ist es ganz sicher. Aber ich meine mich zu erinnern, bereits erklärt zu haben, dass dem rational denkenden Menschen die Poesie des Lebens entgeht. Ohne Fantasie übersieht man schnell den Zauber, der selbst in den kleinsten, unbedeutendsten Dingen steckt und wer stets auf dem Boden bleibt, der wird nie lernen zu fliegen. Ich habe mich entschieden, ich fühle mich an meinem runden Geburtstag alt genug wieder Kind zu sein und jung genug, um fliegen zu lernen. Wer möchte, darf mir auch diesmal folgen auf dem Nibelungensteig durch den sagenhaften Odenwald – wo der Gralsritter Parcival seinen Anfang und der Drachentöter Siegfried sein Ende nahmen.

Nibelungenland

Durch ihr Getöse kündigt sich die Jagdgesellschaft schon von Weitem an. Ausgezogen sind sie, um Krieg zu führen gegen ein dänisch-sächsiches Heer, welchem nicht im entferntesten der Sinn nach einer Auseinandersetzung steht – ja, es war nicht einmal anzutreffen gewesen. So war doch der vermeintliche Angriff der vereinten Nordmänner nur eine List um Siegfried und seine Mannen fortzulocken aus der Reichshauptstadt der Burgunder – Worms. Den Männern stand nach Kampf und Tod. Um die Schlacht gebracht, zogen sie nun aus, ihre erhitzten Gemüter mit dem Blut einiger Keiler und Hirschböcke zu kühlen. So hatte es der Rädelsführer Hagen von Tronje geplant und so kam es.

Ich beabsichtigte, hier in Zwingenberg auf sie zu treffen. Woher ich weiß, dass sie gerade heute dieses Weges kommen? Ist dies nicht das Schöne an Sagenfiguren und den Geistern der Vergangenheit – man kann sie heraufbeschwören, wann immer sie gebraucht werden.

Ich hätte sie von Worms aus begleiten können, aber die Stadt hat den Glanz des alten Burgunds verloren und die Landschaft, bis hin nach Zwingenberg – das Ried – ist eher unspektakulär. Als einzige Erhebung „erstrahlt" der Atommeiler des Kraftwerks Biblis zum Himmel, der Rest ist ein trockengelegtes Moor und dementsprechend flach.

Zwingenberg selbst ist eines dieser vielen, in Fachwerk gekleideten Städtchen, die wie auf einer Perlenschnur von Heidelberg nach Darmstadt an der Bergstraße entlanggezogen sind. Seine Geschichte teilt sich der Ort mit all den anderen historischen Kleinstädten hierzulande. An einem strategisch wichtigen Punkt, einem Engpass zwischen der versumpften Ebene des Rieds und den steilen Hängen der Bergstraße, bot sich dort die ideale Möglichkeit den Handel zu kontrollieren. Durchziehendes Kriegsvolk machte den Ort zu Zeiten des 30-jährigen Krieges nahezu unbewohnbar. Erst das 19. Jahrhundert brachte allmählich das Leben zurück.

So in die Stadtchronik vertieft, ist mir gar nicht aufgefallen, wie schnell die Jägersleute näher gekommen sind. Vorneweg er, der Drachentöter, Siegfried von Xanten, Herr der Nibelungen. Eine Gestalt, erst heute Morgen der Sage entritten, um durch die Phantasie in mein Heute zu schreiten. Ein wahrer Hüne ist er, das wallende, blonde Haar fällt locker auf die Schultern herab, an seine Seite geschnallt hängt der Balmung – das legendäre Schwert. Noch steckt er in seiner glänzenden Rüstung, er wird sich ihrer bald entledigen. Brauchen tut er sie ohnehin nicht, ist seine Haut doch undurchdringlich vom Bad im Drachenblut. Nur die eine Stelle ist verwundbar, dort wo einst das Lindenblatt auf seinem Rücken niederging. Zum Glück wissen nur er und seine Geliebte Kriemhild davon und vielleicht noch jemand? Es ist ein heißer, drückender Tag – die Luft ist unheilschwanger.

Siegfried scheint die heraufdämmernde Tragödie nicht zu ahnen. Sein Lachen dröhnt laut und verrät seine Stärke und Selbstbewusstsein, aber auch eine Spur Ignoranz und Hochmut. Ich möchte mich ihm als Führer anbieten, ist der Odenwald doch meine Heimat, aber meine Worte bleiben ungehört. Sie verschallen auf ihrem Weg zurück durch die Jahrhunderte und zerschellen an der Barriere, die die Dichtung von der Wahrheit trennt.

So reihe ich mich ein in den Tross, der hinauf zum Melibokus zieht. Der Melibokus ist der höchste – bei 517 Metern traut man sich das kaum zu sagen – Berg der Bergstraße. Seinen Namen verdankt er einem Gelehrtenirrtum. Als im 16. Jahrhundert diese deutschen Gelehrten ihren Ptolemäus missdeuteten, verlegten sie den von ihm beschriebenen Berg kurzer Hand vom Harz hierher. Als der Irrtum bekannt wurde, hatte sich der Name freilich schon eingebürgert. Nur kurz genießen wir den

Ausblick über die Bergstraße und den Odenwald, lassen den Blick schweifen über die Rheinische Ebene hin zum Pfälzer Wald.

Vom Melibokus tauchen wir endgültig ab in den Odenwald, nur um kurz darauf wieder aufzusteigen, diesmal auf den Felsberg. Wiewohl der Odenwald keine enormen Höhen erreicht, braucht, wer hier geht dennoch einige Kondition bei seinem ständigen Auf- und-Ab.

Am Reichenbacher Felsenmeer, das dem Felsberg seinen Namen gibt, vernehme ich ein Wehklagen. Es entringt sich der Erde, tönt herauf aus einem anderen Sagenbuch. Zwei Riesen lebten einst in dieser Gegend, der eine hier auf dem Felsberg, der andere gegenüber auf dem Hohenstein. Wie es nun einmal so ist, wenn zu viel Kraft auf zu wenig Hirn stößt, es kommt zum Streit um Nichtigkeiten. Erzürnt schleudert der Hohenstein-Riese alle Steine auf seinen Nachbarn, seither ist sein Berg leer, bis auf eine hohe Felswand, die Wand seines Riesenhauses.

Es scheint, als wäre ich der Einzige, der des Riesen Wimmern hört, begraben dort unten unter Tonnen von Granit. Es scheint auch, als sei ich der Einzige, der Augen hat für den Altarstein, den Riesensarg und die gewaltige Steinsäule. Was den Menschen von einst Beweis war für die Existenz der Riesen, gilt mir heute als Beweis für die fortgeschrittene Handwerkskunst der Römer. Sie nutzten den reichen Fundus an Granit als Steinbruch. Vier Steinsäulen ähnlich der 27 Tonnen Säule im Felsenmeer finden sich in der, gut zweihundert Kilometer entfernten, konstantinischen, Doppelbasilika zu Trier – sie stammen nachweislich aus unserem Felsenmeer.

Auf dem Weg hinab ins Tal geselle ich mich zu Hagen, seine düstere, schweigsame Art liegt mir mehr. Vorne beim Drachentöter schwang mir zu viel Ego durch die Luft, zu viel Imponiergehabe und Profilierungssucht. Hagen dagegen versinkt in einer grimmigen Ruhe, ob er an die Tat denkt, die er zu begehen hat? Ganz sicher! Doch es ist mehr als das, es ist die Art eines Menschen, der zu viel gesehen, der zu nahe an zu vielen Abgründen gestanden hat. Ich hege große Sympathie für ihn, obwohl ich weiß, dass er, noch ehe diese Geschichte zu Ende geht, zum Mörder werden muss. Er ist der dunkle Held des Nibelungenlieds, überblendet vom aufgesetzten Glanz Siegfrieds.

Am Fuß des Felsenmeeres erreichen wir eine Quelle. In der heutigen Zeit heißt sie Siegfriedquelle. Sie behauptet, wie ungezählte andere Quellen im Odenwald, Schauplatz der Mordtat gewesen zu sein. Es ist geradezu lächerlich, wie jede Gemeinde etwas vom Nibelungenmythos abhaben möchte. Wie viele Leben müsste der Xantener gehabt haben, um an jedem dieser Orte gestorben zu sein?

Ich beobachte Hagen – nein, an dieser Quelle wird er sein blutiges Werk nicht vollbringen. Dennoch fällt auf, wie interessiert er den Drachentöter beäugt, als wolle er sich jede Bewegung Siegfrieds einprägen. Ob ich ihn warnen sollte? Ach, selbst wenn er mich hören könnte, er würde nicht auf mich hören. Gestalten wie Siegfried sind davon überzeugt das Schicksal zu bestimmen, bis das Schicksal sie eines Besseren belehrt.

Wir durchqueren die Ortschaft Knoden und sind froh, keinem Einwohner zu begegnen, schließlich beherrschen sie die Kunst des Bannens und könnten uns, wenn wir nicht stark genug sind, ihren Willen aufzwingen.

Auf dem Weg über den Krehberg streifen wir weitere, kleinere Felsenmeere. Mit ihren Gesteinsformationen wie dem Steinschloss oder dem Wildleutschloss sind sie zweifellos das Werk von Riesen, Kobolden und Trollen, wenn nicht der Götter selbst.

Ganz vom Menschen geschaffen sind die Stickel-Bretter auf dem Schlierbacher Friedhof. Schweizer Calvinisten brachten diesen Brauch der schlichten, weißen Grabbretter mit ihren aufgemalten Blumen Mitte des 17. Jahrhunderts nach Schlierbach. Von den Pfalzgrafen wurden die Schweizer nach dem Dreißigjährigen Krieg eingeladen, die fast völlig ausgestorbenen Dörfer wieder zu bevölkern, hinterlassen haben sie eine Tradition, die nun unter Denkmalschutz steht. Die Tradition einer Glaubensgemeinschaft, nach deren sola scriptum einzig die Schrift die Grundlage des christlichen Glaubens ist und nicht die Tradition – das entbehrt nicht einer gewissen Ironie.

Diesen Hang noch hinauf, schon kann ich sie sehen, die Schlierburg, das Wahrzeichen der Stadt Lindenfels. Hier lasse ich die Jagdgesellschaft fürs erste Ruhen. Lindenfels also wieder. Diesmal bin ich gewillt meinen Geburtsort mit etwas mehr Milde zu betrachten. Der Tourismus nennt den kleinen heilklimatischen Kurort die „Perle des Odenwaldes" ob es diesen Namen verdient hat, möchte ich an dieser Stelle nicht beurteilen, aber ein nettes Städtchen ist es schon. Gerne hätte ich die Burg vor dem Jahr 1799 gesehen. Allen Stürmen hat sie getrotzt, kein Krieg konnte sie verwüsten, selbst den schon häufiger erwähnten Dreißigjährigen Krieg, der die Einwohnerzahl von Lindenfels auf klägliche neun Menschen schrumpfen ließ. Ab dem genannten Jahr wurde die Burg allerdings durch die kurpfälzische Regierung ausgeschlachtet. Noch heute sagt man über die letzten Amtsverweser:

„Morlock, Max und Ferber war'n Lindenfels Verderber."

Ob die 1336 verliehenen Stadtrechte heute noch angemessen sind für einen Ort, an dem man schon Probleme hat, einen ordentlichen Handkäs mit Musik zu bekommen, kann bezweifelt werden. Wer sich dennoch einmal hierher verirren sollte, den erwartet eine ausgesprochen schöne Mittelgebirgslandschaft und wer dann noch die Muse für einen kleinen Spaziergang mitbringt, der findet in einem der Ortsteile mit Sicherheit doch noch eine urige Gaststube.

Insgeheim bin ich froh, als es weitergeht, sei es, um der Enge Lindenfelses zu entkommen, sei es, um zu sehen, dass die Geschichte ihren Lauf nimmt. Ist es pervers, auf die tragische Erfüllung des unvermeidlichen Schicksals zu warten?

Entlang des Grenzwegs schreiten wir zwischen dem Odenwald-Kreis und dem Kreis Bergstraße nach Weschnitz und hinauf zur Walpurgiskapelle. Sie ist der heiligen Walpurga gewidmet, die auf diesem Hügel mit gemischtem Erfolg versuchte, die Kelten zu missionieren. Erfolgreicher war sie wohl bei der Hexenvertreibung, gibt sie doch auch der Walpurgisnacht ihren Namen, die wir noch heute in der Nacht vom 30. April auf den 1. Mai feiern. Da die Hexenvertreibung vor ein paar Jahren aus der Mode gekommen ist, firmiert diese Veranstaltung allerdings nun unter dem Titel „Tanz in den Mai".

Einst war der Odenwald ein wahrer Urwald, aber das ist lange her. Durch die Urbarmachung vieler Flächen hat er sich zunehmend in eine Kulturlandschaft verwandelt, in der sich dennoch ein üppiger Bestand an Naturwäldern erhalten konnte. Hinter Gras-Ellenbach meint man erahnen zu können, wie es ehemals war. Eichen, Linden und Buchen sind typisch für den Odenwald, ebenso wie die Angewohnheit so wenig wie möglich durch Auslichtung und Waldräumarbeiten in seinen Naturkreislauf einzugreifen.

Ohne das Schild hätte ich das Schlupfloch zur Quelle glatt übersehen. Die kleine Lichtung, auf die wir gelangen, kämpft mühevoll um das Tageslicht. Von überall her wuchert der Wald in sie hinein. Es ist ein verwunschener Ort, kein Nibelungen-Rummelplatz, nur ein einfacher Gedenkstein neben einer nun in Stein eingefassten Quelle. Kein Wasser sprudelt in meinem Heute aus ihr hervor, aber in Siegfrieds Heute plätschert sie fröhlich. Während ich die Worte auf dem Gedenkstein lese:

Do der herre Sifrit ob dem brunnen tranch
er schoz im durch daz crivze daz von der wnden spranc
daz bluot von dem herzen vaste an Hagnen wat
solher missewende ein helt nv nimmer begat

beugt sich Siegfried zur Quelle hinunter. Außer uns beiden ist nur noch Hagen auf der Lichtung. Während der Xantener trinkt, sehen wir die Markierung, die Kriemhild just an der Stelle in sein Gewand gestickt hat, wo Siegfried verwundbar ist. Auf diese Stelle sollte Hagen während des Feldzuges aufpassen. Hagens Speer schießt in den Rücken des Drachentöters – naive Unschuld vom vermeintlichen Freund betrogen. Das klare Quellwasser färbt sich rot – Siegfried ist tot.

Und Hagen? Zeigt er Reue oder Genugtuung? Keines von beiden, sein Gesicht ist unbewegt. Er tat, was er für das einzig Richtige hielt, um sein Burgund vor dem Untergang zu bewahren. Doch wird Blut stets mit Blut gesühnt und so ahnt Hagen vielleicht schon, dass jene schreckliche Tat bald schon den Untergang des gesamten Burgunderreichs nach sich ziehen wird.

Ich überlasse die Gesellschaft ihrem Schicksal und trenne mich von der Tragödie, nicht trennen kann ich mich vom Odenwald. Ein Stück will ich noch weitergehen, will sehen, wem ich noch begegnen kann.

Man mag kaum glauben, wie weltentrückt diese Region ist. Zwei Meter hohe Farne ragen in den Weg, uralte Buchen stehen am Rand – stille Wächter der Zeit. Eine Ruhe liegt über allem, wie man sie heute kaum noch kennt. Wenn überhaupt, dann dringt der Verkehrslärm nur verhalten an mein Ohr, als würde er aus einer fernen Zeit versuchen sich in diese Zeit zu drängen. Es sind diese Wälder, die ich so sehr liebe, diese verwunschenen Buchen- und Mischwälder, mit ihren Gerüchen, dem grünen Leuchten, wenn die Sonne sich durch das Blätterdach zwängt und ihre Unaufgeräumtheit. Wo ein Baum umfällt, da darf er liegenbleiben, als Nährboden für neues Leben. Davon gibt es reichlich. Rascheln und Knistern, hier huscht etwas davon, dort summt etwas durch die Luft, überall ist Bewegung. Ein Eichhörnchen springt erschrocken auf den nächstbesten Baum und ist doch zu neugierig, um endgültig zu verschwinden. Das Reh ist scheuer, es ertarrt, wartet, ergreift die Flucht erst, wenn die kritische Distanz überschritten ist.

Und über all dem liegt das Rauschen der Blätter im Wind und der vielstimmige Chor des Vogelgezwitschers. Ein Konzert der Harmonie. Nie ist es still und doch liegt über allem eine besinnliche Ruhe – über allem und in mir.

Zur Gralsburg

Etwas Bekanntes aus einem anderen Blickwinkel erleben, aus dem des Reisenden, schafft eine neue Perspektive. Nicht mit dem Auto angefahren kommen, nicht am Parkplatz aussteigen, um nach ein paar Stunden Aufenthalt zurück in die heimischen vier Wände zu fahren, sondern dort hinzulaufen, wertet auf. Es wertet sowohl den Wanderer wie auch das Erwanderte auf und schenkt unerwartete Entdeckerfreuden.

So geschehen am Marbach-Stausee. Man nimmt die Umgebung als Ganzes war, der Ausschnitt vergrößert sich. Der Marbach-Stausee ist eben nicht nur ein, Mark Twain hätte seine Freude an diesem Wort gehabt, Hochwasser-Rückhaltebecken und Naherholungsgebiet. Er ist auch der Weg dorthin, durch das Naturschutzgebiet Rotes Wasser, durch das Harrasloch und über die Galgenhöhe. Tiefe Wälder, ursprüngliche Natur, gekrönt von dem Juwel im Tal – dem See.

Der Weg weg vom See führt augenblicklich zurück in eine unbekannte Welt. Fremd wirkt das Himmelbächel Viadukt in dieser Landschaft, eine imposante Eisenbahnbrücke, die sich über eine Länge von 250 Metern und einer Maximalhöhe von 43 Metern über mir erhebt. Der Bauer, der seine Kuhherde unter dem Viadukt hindurchtreibt, verleiht der Szene allerdings etwas sehr odenwäldereskes. Es wird erzählt, dass der Zweifel ob sein Bauwerk den Belastungen standhalten wird, den Erbauer der Eisenbahnbrücke in einen dreifachen Tod getrieben hätte. Im Beerfeldener Raum sagt man, er habe sich, hoch oben auf dem Viadukt stehend erschossen, durch den Sturz ins Tal sei im das Genick gebrochen und schließlich sei er im Himmelbächel ertrunken.

Viel realer sind die Schrecken, des bereits erwähnten Dreißigjährigen Krieges. Noch heute trifft man überall auf ihn, wenn man sich etwas mit der Geschichte dieser Region befasst, kaum ein Ort blieb von ihm verschont. So kam es, dass die Kriegshandlung selbst, begleitet durch die von ihr verursachten Hungersnöte und Seuchen in Teilen Süddeutschlands bis zu zwei Drittel der Bevölkerung dahinraffte. Der Ort Hesselbach beispielsweise wurde komplett verwüstet und niemand überlebte. Wäre er nicht durch seine Heilquelle als Wallfahrtsort für Augenleidende und für Kopf- und Kindererkrankungen bekannt gewesen, hätte sich wohl niemand die Mühe gemacht, ihn wiederaufzubauen und ich würde nun über vermoderte Ruinen wandeln.

Wieder waren es Streitigkeiten um Macht und religiöse Vorherrschaft auf höchster Ebene unter dem besonders das arme Landvolk zu leiden hatte. Was wird den Bauern der Gegensatz zwischen der Katholischen Liga und der Protestantischen Union im Heiligen Römischen Reich geschert haben, was der dynastische Interessenkonflikt der habsburgischen Mächte mit Frankreich samt Bündnispartnern? Nein, ihm wird egal gewesen sein, unter wem er diente, solange er seine Familie durchbringen konnte, ihm wird auch der Gott egal gewesen sein, dem er zu huldigen hatte, solange er ihm eine reichliche Ernte bescherte und ihn von Krankheiten verschonte.

Die Tinte der Geschichtsschreibung ist Blut. Blicken wir zurück in die Zeit, offenbart sich der Mensch häufig als machtgeiles Raubtier, das nicht tötet, um zu überleben, sondern um zu besitzen. Mit der Zeit sind seine Methoden raffinierter, höher entwickelt geworden, seine Mittel zur Unterwerfung subtiler, doch weniger zerstörerisch?

Es ist daher nicht verwunderlich, das dieses Land, lange bevor es Deutschland wurde, dass die Germanen, lange bevor sie tatsächlich ein Volk wurden, im Krieg die große Bühne der Geschichte betreten. Meine Wanderung hat mich an den Odenwald Limes geführt, wo ein unzivilisiertes und uneinheitliches Volk der Weltmacht Roms trotzte. Hier begegne ich auch einem alten Bekannten wieder – Siegfried. Jede Sage findet ihren Ursprung in realen Begebenheiten, so wird die Figur des Siegfrieds gerne mit Arminius (Hermann dem Cherusker) in Verbindung gebracht. Jener Germanenfürst schlug den römischen „Drachen" in der Varusschlacht (auch als Schlacht im Teutoburger Wald bekannt, obwohl die genaue geografische Lage des Schlachtfeldes stark umstritten ist) und wurde später von seinen eigenen Verwandten ermordet. Die Ironie will es, dass das vermeintliche Vorbild für unseren Drachentöter bisweilen selbst Formen einer Sagenfigur annimmt.

Eine Grenze zu überschreiten hat auf mich stets einen großen Reiz ausgeübt, nun am Grenzpunkt dreier Länder zu stehen überfordert mich fast. Am Drei-Länder-Stein treffen Hessen, Baden-Württemberg und Bayern aufeinander, mir wird ein mannshoher Grenzstein versprochen, er muss von Zwergen aufgestellt worden sein, denn er überragt mit Mühe meine Knie.

Von der Hesselbacher Höhe blicke ich hinüber zum Katzenbuckel, der höchsten Erhebung im Odenwald (626

Meter). Hat sein Name etwas mit dem Aussehen eines gekrümmten Katzenrückens zu tun oder doch eher mit dem Stamm der Chatten, die einst ihr Hauptsiedlungsgebiet hier hatten? Woher er auch kommt, er hat eine lange Reise unternommen. Deutsche Auswanderer haben ihn im 18. Jahrhundert mit in ihre neue Heimat in Pennsyvania genommen, so trägt ein Berg dort nun den netten Namen Catseboucle.

All die kleinen und großen Wunder der bisherigen Reise können mich doch nicht vorbereiten auf die Wildenburg. Bis auf ein schlichtes, halb-vermodertes Holzschild mitten im Wald deutet nichts auf sie hin und plötzlich stehe ich davor. In mühsamer Arbeit vom Wald zurück gefordert, ragt die Ruine empor. Verfallen und verwittert hat sie die Natur als neuen Burgherren akzeptiert, doch dabei ihre Würde behalten. Eine stolze Schönheit ist sie noch immer mit ihrer Ringmauer, dem Burgfried und dem imposanten Palais. Wem hat sie nicht schon alles getrotzt? Dem Menschen, der Natur und schließlich der Vergessenheit. Was zur Stauferzeit eine der bedeutendsten Burganlagen Deutschlands war, von deren Existenz wusste im 18. Jahrhundert niemand mehr.

Als Goethe anhand der Lebenserinnerungen des Götz von Berlichingen das gleichnamige Werk schrieb, ließ er den Bauernführer daher auch ausrufen: „Geschwind zu Pferde, Georg! Ich sehe Miltenberg brennen. Halten sie so den Vertrag! Reit hin, sag ihnen die Meinung. Die Mordbrenner! Ich sag mich von ihnen los." und ließ ihn damit ins Leere laufen. Mit den Mordbrennern meinte der Götz die Bauern aus dem Odenwälder Hellen Haufen, deren Anführer er während des Bauernkrieges war. Sie waren gerade dabei, die Burg Willenberg niederzubrennen, womit selbstverständlich die Burg Wildenberg und nicht die Stadt Miltenberg gemeint war. Wie soll man allerdings Goethe einen Vorwurf machen, dass er nichts wusste von jenem Gemäuer, welches die Zeit schlicht und einfach vergessen hatte. Und auch heute dämmert sie nur im Halbschatten des historischen Bewusstseins auf dieser einsamen Lichtung im Wald.

Dort hinten im Palais am Kamin sitzt jemand und schreibt. Auf der Wildenburg kann es nur einer sein: Der Geist Wolfram von Eschenbachs – tief in die Arbeit am fünften Buch seines Parcivals versunken. Die Herren von Düren luden ihn vor über 800 Jahren ein auf die Wildenburg und gaben ihm die Möglichkeit seinen Gralsepos zu schaffen. Die Burg selbst war ihm mehr als eine

Inspiration und so trägt seine Gralsburg den altfranzösischen Namen Munsalvasche wörtlich übersetzt: Wilder Berg.

Dem Ende der einen und der Geburt einer anderen Legende beiwohnen zu können – mehr kann man von einer Wanderung nicht erwarten. Ich setze mich zum Eschenbacher und leiste ihm in Gedanken Gesellschaft. Spürt er mich am anderen Ende der Zeit? Es scheint so, denn unvermittelt müssen wir beide lachen, über unsere hilflosen Versuche die Welt in Worte zu fassen und ihr mit etwas Dichtung Farbe zu verleihen.

Er schon wieder! Für einen erschlagen Geglaubten begegnet mir Siegfried ungewöhnlich häufig – diesmal an der Zittenfeldner Quelle, die, wie könnte man anders vermuten, natürlich genau jene Quelle sein soll, an der Siegfried erschlagen wurde, zumindest wird sie mir als die idyllischste angepriesen. Sie liegt an einem Forstweg und ringsum finden Waldarbeiten statt – von Idylle keine Spur. Daher, und weil ich den Drachentöter bereits in Gras-Ellenbach habe sterben sehen, ignoriere ich den Zittenfeldner Versuch an der Sage teilzuhaben und gehe meines Weges.

Trotz der Spuren, welche die Römer in dieser Gegend hinterlassen haben, ist es nicht der römische Liebesgott, welcher Amorbach den Namen gab, nein, ein Mann der Nächstenliebe war es. Unser Amor war, obwohl ein Geistlicher, doch weltlich. Er war der erste Abt des Benediktinerklosters, aus dem später die Stadt erwachsen ist, die heute zu den schönsten Barockstädten Deutschlands zählt.

Auf dem Gotthardsberg genieße ich den Blick vom Aussichtsturm der dreischiffigen Pfeilerbasilika über den Amorbacher Talkessel mit seinen sieben Tälern. Der Berg, einst Frankenberg genannt, hat kaum eine Epoche der jüngeren deutschen Geschichte ausgelassen. Bereits im 8. Jahrhundert wurde auf ihm durch den fränkischen Gaugrafen Ruthard eine Burg erbaut, diese 1138 durch eine, dem Heiligen Godehard von Hildesheim geweihten Kapelle, ergänzt. Barbarossa ließ 1168 die, zur Raubritterburg verkommene Anlage schleifen und an seiner Statt ein Benediktinerinnenkloster errichten. Auch hier wüteten die Bauern 1525 und legten das Kloster in Schutt und Asche. Zwar wurde die Kirche anschließend wieder aufgebaut, doch ein Blitzschlag brannte sie später völlig aus.

An der Keltenschanze bekomme ich einmal mehr den Eindruck, dass im Odenwald früher einiges mehr los gewesen sein musste. Eher erwartet man einen Druiden durch die 3000 Jahre alte Ringwallanlage schleichen zu sehen, denn einen Wanderer. Am römischen Merkurtempel, der sich hierher verirrt hat und dem Fundort des mysteriösen Teutonensteins scheint die Vergangenheit erneut präsenter zu sein als die Gegenwart. Der Odenwald möchte, so meine Vermutung, gar nicht in seinem tristen Heute ankommen, daher hält er so hartnäckig an seinem bedeutsameren Gestern fest.

Von diesem Gestern zeugt auch die Stadt Miltenberg. Die über der Altstadt gelegene Burg war einst wichtiger Stützpunkt des Erzbistums Mainz zur Verteidigung des Aschaffenburger Territoriums, um dann als Zollstätte mit besonderen Privilegien, wie dem Prägen von Münzen und dem Messe- und Stapelrecht, zu einer blühenden Stadt des Mittelalters heranzuwachsen. Erwartet hatte ich ein ähnliches Schauspiel wie am Titisee oder dem Feldberg, nun bin ich, aufgrund der Schönheit der Stadt, seiner Lage am Main und der interessanten Umgebung erstaunt, wie wenig überlaufen Miltenberg vom Tourismus ist. Klar sind sie da, die Busse und die Kaffeefahrtdampfer, doch in einem erträglichen Maße – man findet tatsächlich die Ruhe zum Genießen.

Über Bürgstadt wollte der Centgraf Leonhard Gackstadt eine Kapelle bauen lassen, wie man sagt, um sein durch fleißige Hexenverbrennerei belastetes Gewissen zu beruhigen. Wollte lassen, denn auch hier zog der Dreißigjährige Krieg ein und der Bau wurde nie vollendet. So wurde die Kapelle schon vor ihrer Fertigstellung eine Ruine. In einer Schutzhütte nebenan lese ich einen Spruch und lächele in mich hinein:

Wer glaubt, der Jäger sei ein Sünder,

weil selten er zur Kirche geht,

im grünen Wald ein Blick zum Himmel,

ist besser als ein falsch Gebet.

Endlich begegne ich wieder den Riesen. Ob sie mit den Felsenmeer-Riesen verwandt oder verschwägert waren, weiß ich nicht, aber auch sie hatten ehrgeizige Pläne. Eine Brücke wollten sie über den Main bauen, fertig wurden sie nie. Ihre Steinsäulen, die Heunesäulen, liegen noch an Ort und Stelle neben anderen Werkstücken der Hünen wie einem Mühlstein oder einem Sarkophag. Die hier ansässigen Riesen müssen gesellige Genossen gewesen sein, denn häufig unterhielten sie sich mit ihren Nachbarn auf der anderen Mainseite und tauschten Werkzeuge mit ihnen aus. Wie Donner grollen ihre Worte über die Lande und Blitzen gleich zuckten die geworfenen Werkzeuge über den Himmel.

Am Ende dieser Wanderung wartet die Freudenburg auf mich, sie gibt dem Städtchen Freudenberg zu ihren Füßen den Namen. Man sagt, der Graf von Wertheim hätte sie anno dazumal erbauen lassen, um dem hübschen Mägdelein, welches den armen Ritter und Herrn zu Collenberg ihm vorzog, zu beweisen, dass sie die falsche Wahl getroffen hatte. So steht die Ruine da, als Symbol für den Neid und die Missgunst eines im Stolz gekränkten Herrschers.

Doch dies alleine würde der Burg wenig Ehre machen und so sei auch eine andere Sage erwähnt. Es kam die Zeit des Faustrechts und niemand war mehr sicher vor Raub und Mord, da gewährten die Herren den verängstigten Leuten Obhut an der Flanke des Berges, auf dem die Freudenburg stand. Dank ihres tatkräftigen Schutzes wuchs die Siedlung zur Stadt Freudenberg heran. Die zweite Erzählung wird dem Gemäuer eher gerecht, wie sie hier oben erhaben über den Main wacht.

Zwar ist das alte deutsche Volkslied „An der Saale hellem Strande" von Franz Kugler nicht den Ruinen im Odenwald gewidmet, doch ließt man die Zeilen, ersetzt man die Ortsbezeichnungen, so kann dieses schöne Poem allen unseren Ruinen gewidmet sein.

An der Saale hellem Strande
stehen Burgen stolz und kühn
Ihre Dächer sind zerfallen,
und der Wind streicht durch die Hallen,
Wolken ziehen d´rüber hin.
Zwar die Ritter sind verschwunden,
Nimmer klingen Speer und Schild;
Doch dem Wandersmann erscheinen
In den altbemoosten Steinen
Oft Gestalten zart und mild.
Droben winken schöne Augen,
Freundlich lacht manch roter Mund,
Wand'rer schaut wohl in die Ferne,
Schaut in holder Augen Sterne,
Herz ist heiter und gesund
Und der Wand´rer zieht von dannen
Denn die Trennungsstunde ruft
Und er singet Abschiedslieder
Lebewohl tönt ihm hernieder
Tücher wehen in der Luft.

Warum muss es nach einer Wanderung stets so schnell gehen, dass einen die Idiotie des Alltags einholt? Vielleicht weil man ihr so lange fern geblieben ist. Im

Tourismuszentrum zu Freudenberg entdecke ich eine schicke Urkunde für das erfolgreiche Beenden des Nibelungensteigs. Wie kann ich die bekommen? Die Dame hinter dem Schreibtisch versucht mir zunächst umständlich zu erklären, was der Nibelungensteig ist, und wirkt nachher fast schockiert, als ich ihr erzähle, ihn gerade gelaufen zu sein. Erst der Rucksack und meine verschwitzte Kleidung scheinen sie zu überzeugen, dass es tatsächlich Menschen gibt, die wandern gehen. Bekommen kann ich die Urkunde leider nicht, sie weiß nicht, wie sie aus dem Computer herauszuholen ist.

Auf der Rückfahrt rauscht die Landschaft an mir vorbei, sie wirkt so unpersönlich von hier aus, so weit weg. All diese Orte mit ihrer Geschichte und ihren Geschichten sind, von hinter der Windschutzscheibe aus betrachtet, nicht mehr zu greifen und was zwischen ihnen in den Wäldern versteckt liegt, bleibt dem Blick verborgen. Die Beschleunigung unserer Welt hat sie schrumpfen lassen, keine Distanz ist wirklich unüberbrückbar, alles liegt wenige Flugstunden oder, noch einfacher, nur einen Druck auf die Fernbedienung weit entfernt. Kein Wunder, dass der Blick sich häufig in der Ferne verliert, wir die Ränder der Welt bereisen und dabei nicht mehr wissen, wie das Land vor unserer Haustür aussieht. Wer also entdecken will, dem rate ich, geh nur vor die Haustür und bestaune die Welt, in der wir jeden Tag leben dürfen. Ein Land lernt man nicht kennen, wenn man an seinen Stränden gelegen hat, sondern wenn man eintaucht in seine Geschichte und Traditionen und nur, wer sich einlässt auf die Kultur und die Menschen, wird dieses Land erleben. Versuche hinter das immer gleiche Gesicht zu blicken, welches die Globalisierung, jedem Land verpasst hat, wenn du etwas sehen willst. Reduziere dich und die Welt auf ihr ursprüngliches Wesen, wenn du etwas verstehen willst.

Und bedenke: Wir können weder die Geschichte noch die Kultur eines Landes, ja selbst der einzelnen Regionen innerhalb eines Landes, nach den uns anerzogenen Wertmaßstäben beurteilen, nicht in Deutschland und nicht sonst wo auf der Welt. Frei und offen sollte man reisen. Frei, hinwegzugeben, was man zu wissen und besitzen glaubt und offen zu empfangen, was man nie für möglich gehalten hätte, schafft man dann noch eine Prise Fantasie hinzuzufügen, dann wird selbst ein Schritt vor die Haustür zu einer Abenteuerreise durchs Märchenland.

Danksagung

Großer Dank gebührt meinen Eltern,
die mir nicht nur dieses Leben schenkten,
sondern auch die Freiheit und Unterstützung gaben,
deren es bedarf,
um es nach den eigenen Vorstellungen leben zu können.

Florian Wolf

Trümmerteilchen – Ein Roman in fünf Einzelschicksalen

Stimmen auf **Lovelybooks.de**:

„Der Kampf um seinen Platz im Leben. Scheitern vorprogrammiert. Ein Buch, das noch nachwirkt."

> melusina74

„Sehr interessante und tiefgründige Lektüre, über die man noch lange nachdenkt. Etwas Spezielles im positiven Sinne."

> EmilyThorne

Von Globetrotter für Globetrotter.

Träume leben.
Globetrotter Mitarbeiter erzählen Reisekurzgeschichten

Ob direkt vor der eigenen Haustür, im australischen
Outback oder an heiligen Bergen in Tibet ...
Ob zu Fuß oder aus dem Fahrradsattel heraus ...
Ob im Kampf gegen äußere Umstände und innere
Schweinehunde ...

Wer in die Welt hinausgeht, die Welt in sich hineinlässt, der
hat etwas zu berichten.
In dieser Kurzgeschichtensammlung erzählen Globetrotter
Mitarbeiter von ihren Reiseerlebnissen. Vielfältig, witzig,
nachdenklich, anregend - und garantiert nie langweilig.